PLANÈTE

Pour protéger
la nature et sauver
les animaux

ATTITUDE

JUNIOR

ISBN : 2-02-080035-7

www.seuil.com

PLANÈTE ATTITUDE

Pour protéger la nature et sauver les animaux

JUNIOR

TEXTES DE GAËLLE BOUTTIER-GUÉRIVE ET DE THIERRY THOUVENOT
ILLUSTRATIONS DE GAËTAN DORÉMUS

WWF
SEUIL

SOMMAIRE

INTRODUCTION : IL ÉTAIT UNE FOIS... LA TERRE 7
ATTENTION DANGER ! 8
ET SI LA PLANÈTE T'ÉTAIT CONFIÉE ? 9

L'OURS POLAIRE ET LES VOITURES : ÇA CHAUFFE POUR LE CLIMAT ! 12
ATTENTION DANGER ! 16
Son ennemi : le réchauffement climatique
CE QUE TU PEUX FAIRE 19
En te déplaçant
À la maison
LES ÎLES TUVALU 23
UN BON TRUC : LES ÉNERGIES RENOUVELABLES 29
L'énergie solaire
Le bois
Les autres énergies
LES INUITS 31

LA LOUTRE ET LES DÉTERGENTS : L'EAU DOUCE, ÇA NE COULE PAS DE SOURCE ! 32
ATTENTION DANGER ! 36
Son ennemi : la pollution par les produits toxiques
CE QUE TU PEUX FAIRE 39
Dans ta salle de bains
Pour nettoyer la maison
Dans ta poubelle aussi
L'ESTURGEON 45
UN BON TRUC : BIEN CHOISIR SES VÊTEMENTS 46
LA MER D'ARAL 48

LE GORILLE ET LES TÉLÉPHONES PORTABLES : STOP À LA COURSE À LA CONSOMMATION ! 50
ATTENTION DANGER ! 54
Son ennemi : la surexploitation des ressources naturelles
CE QUE TU PEUX FAIRE 55
Consommer moins, consommer mieux...
Les produits écologiques
Les déchets
LES WAYANA 59
LA CAMARGUE 63
LA CISTUDE D'EUROPE CONTRE LA TORTUE DE FLORIDE 70

LE GRAND HAMSTER ET LES PESTICIDES : HALTE AUX EXCÈS DE L'AGRICULTURE ! 72

ATTENTION DANGER ! 76
Son ennemi : l'agriculture intensive

CE QUE TU PEUX FAIRE 77
Manger bio
Jardiner bio

LE FURET À PATTES NOIRES 83

LE GRAND DAUPHIN ET LES BATEAUX À MOTEUR : LA MER N'EST PAS UNE POUBELLE ! 84

ATTENTION DANGER ! 89
Son ennemi : la compétition inégale avec l'homme

LES PÊCHEURS SÉNÉGALAIS 93

CE QUE TU PEUX FAIRE 95
En bateau
En plongée
Pour les pêcheurs amateurs

UN BON TRUC : BIEN CHOISIR LE POISSON 100

LES CÔTES BRETONNES ET LES PÉTROLIERS 102

L'ORANG-OUTAN ET LES MEUBLES EN BOIS EXOTIQUE : QUAND LA FORÊT DEVIENT DÉSERT... 104

ATTENTION DANGER ! 108
Son ennemi : la tronçonneuse

CE QUE TU PEUX FAIRE 110

LE GRAND TÉTRAS 111

UN BON TRUC : LE PAPIER 114

LA FORÊT PRÈS DE CHEZ NOUS 116

LA TORTUE CAOUANNE ET LES PARASOLS : DES VACANCES POUR LA PLANÈTE ! 118

ATTENTION DANGER ! 122
Son ennemi : le développement des activités humaines

CE QUE TU PEUX FAIRE 125
Les déchets
En promenade, en randonnée
L'énergie
L'eau

LES MASSAÏS ET LE TOURISME 127

UN BON TRUC : LES SOUVENIRS 131

L'EVEREST : UNE MONTAGNE DE DÉCHETS 134

ET TOI ? 136

ATTENTION DANGER ! 137

CE QUE TU PEUX FAIRE 139

IL ÉTAIT UNE FOIS... LA TERRE

Il était une fois une planète appelée... la Terre. Elle est née il y a 4,5 milliards d'années, au sein du système solaire, au bord d'une galaxie en spirale, la Voie lactée. De toutes les planètes, la Terre est la seule sur laquelle il y a de l'eau liquide. C'est pour cela qu'on l'a surnommée la « planète bleue », car c'est la couleur que l'on voit quand on la regarde depuis l'espace !

C'est grâce à cette eau si précieuse qu'est née la vie : les premiers micro-organismes apparaissent dans les marais et les océans moins de 1 milliard d'années après la naissance de la Terre. Puis c'est le tour des premiers végétaux, et les animaux pointent leur nez dans les mers puis sur terre... Bien plus tard, il y a 7 millions d'années, les ancêtres des premiers hommes rejoignent la ronde des êtres vivants.

LE SAVAIS-TU ?

Si on ramène l'histoire de la Terre à une seule journée :
- **la vie naît à 5 heures du matin,**
- **les premiers mollusques apparaissent vers 20 heures,**
- **les dinosaures surgissent à partir de 23 heures... et disparaissent à 23 h 40,**
- **les tous premiers hommes n'émergent qu'à minuit moins une !**

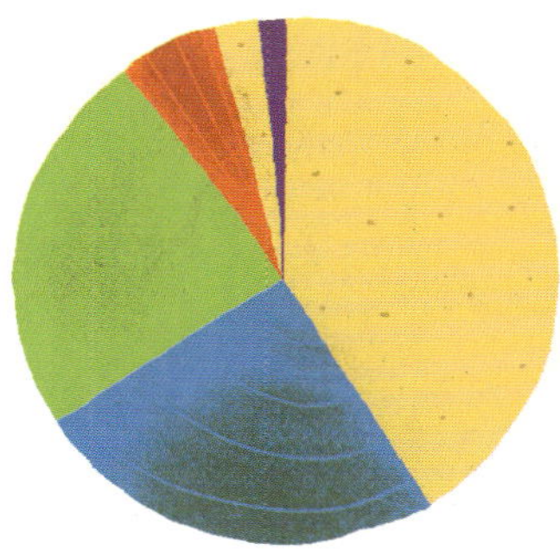

LE SAVAIS-TU ?

Le loup de Tasmanie, appelé aussi « thylacine », est aujourd'hui éteint, victime de la chasse impitoyable menée par l'homme. Sa gueule avait la particularité étonnante de pouvoir s'ouvrir plus grand qu'à angle droit ! Le dernier spécimen connu est mort dans un zoo en 1933.

WWF

Le WWF est une des plus grandes organisations de protection de la nature. Créée il y a plus de quarante ans, elle agit dans une centaine de pays sur les cinq continents. Le WWF a monté de nombreuses actions de protection des animaux et de leurs milieux, comme le tigre, les baleines, le gorille, le loup et l'ours. La mission du WWF est de protéger la nature et l'homme en sauvegardant les espèces, en développant l'utilisation des ressources naturelles renouvelables et en réduisant la pollution et le gaspillage.

La vie n'a pas toujours été rose sur la planète : à cinq reprises déjà, de nombreuses espèces ont disparu. La dernière de ces cinq phases d'extinction a eu lieu il y a 65 millions d'années. Provoquée selon certains scientifiques par la collision d'une météorite avec la Terre, elle a entraîné la disparition des dinosaures.
Aujourd'hui, la planète est peut-être en train de vivre la sixième phase d'extinction d'espèces, en raison des excès de l'un de ses habitants : l'homme.

ATTENTION DANGER !

Comme tu vas le découvrir dans ce guide, de nombreuses espèces de plantes ou d'animaux sont gravement menacées : tigres, baleines, ours polaires... auront sûrement disparu d'ici à quelques dizaines d'années si rien ne change.
Le WWF a mesuré l'évolution des populations d'animaux sur terre, dans les mers et dans les rivières. En trente ans, ces populations ont baissé de 40 % !

Évolution des populations d'animaux entre 1970 et 2000

D'après l'indice 2004 « Planète Vivante » WWF.

En l'espace d'une génération, la richesse de la vie sur Terre s'est terriblement dégradée : selon les scientifiques, les espèces sauvages disparaissent actuellement mille à dix mille fois plus vite qu'elles ne le feraient à un rythme de disparition naturelle ! L'avenir de nombreuses espèces d'animaux et de végétaux va se jouer dans les années qui viennent. Le tigre, par exemple, risque de disparaître de la nature dans moins de quinze ans ! Il est grand temps de redresser la barre.

LE SAVAIS-TU ?

Chaque jour, dans le monde, de 50 à 300 espèces animales et végétales disparaissent.
Dans les prochaines années,
12 % des oiseaux,
23 % des mammifères,
46 % des poissons
et 61 % des reptiles
(serpents, tortues...)
risquent de disparaître !
Mais nul besoin d'aller bien loin pour rencontrer des animaux en difficulté : en France, 110 espèces sont menacées, comme le loup, l'ours, le grand tétras...

ET SI LA PLANÈTE T'ÉTAIT CONFIÉE ?

Bien sûr, il est tentant de se dire que tout cela n'est pas vrai, ou qu'on ne peut rien y faire. Pourtant, il est possible, chacun à notre niveau, de faire évoluer les choses. Ne dit-on pas « les petits ruisseaux font les grandes rivières » ?

LE SAVAIS-TU ?

Symbole du WWF, le panda est un animal bien attachant qui ne vit qu'en Chine, sur les contreforts de l'Himalaya. Il mange surtout du bambou, entre 15 et 40 kilos par jour !
La maman panda n'élève qu'un seul petit à la fois, il ne pèse que 150 grammes à la naissance. Comme beaucoup d'espèces dans le monde, le panda est menacé par la disparition de son habitat : selon des estimations toutes récentes, il resterait à l'état sauvage environ 1 600 pandas.

LE SAVAIS-TU ?

Un battement d'ailes de papillon au Japon peut provoquer une tempête en France ! C'est ce qu'on appelle l'« effet papillon ». Selon les scientifiques, la plus infime variation dans un système complexe comme le climat peut avoir des répercussions gigantesques et inattendues. Selon cette théorie, un geste tout simple que tu feras chez toi peut avoir un effet très important… à l'autre bout de la planète !

Ne néglige pas l'impact que tu peux avoir par tous tes petits gestes quotidiens : la façon dont tu manges, dont tu t'habilles, dont tu te déplaces, dont tu tries tes déchets… Tout cela a un effet sur la nature autour de toi : nous sommes tous reliés les uns aux autres. Bien sûr, tu n'es pas responsable à toi tout seul de tout ce qui se passe dans le monde ! Mais si, comme toi, des centaines, des milliers ou des millions d'enfants adoptent la planète attitude en faisant un petit geste pour préserver la nature et les animaux, l'effet sera spectaculaire !

Comme le papillon avec son battement d'ailes, tu peux influer sur le cours des choses dans ta famille, auprès de tes amis, et, qui sait, tu auras un effet à l'autre bout de la planète !

Ours polaire, grand hamster, gorille : pars à la découverte, dans ton livre, des animaux les plus menacés. Tu trouveras pour chacun d'eux des centaines d'idées pour les protéger, sans te compliquer la vie, bien au contraire. Choisis les gestes qui te plaisent le plus et commence dès aujourd'hui, la planète et les animaux t'en seront reconnaissants.

Bonne lecture, et bonne planète attitude !

Toute l'équipe du WWF

À TOI DE JOUER !

Tu veux commencer tout de suite ? Découpe les vignettes au début et à la fin de ton guide et colle-les aux endroits indiqués !

L'OURS POLAIRE ET LES VOITURES

■ ■ ■

ÇA CHAUFFE POUR LE CLIMAT !

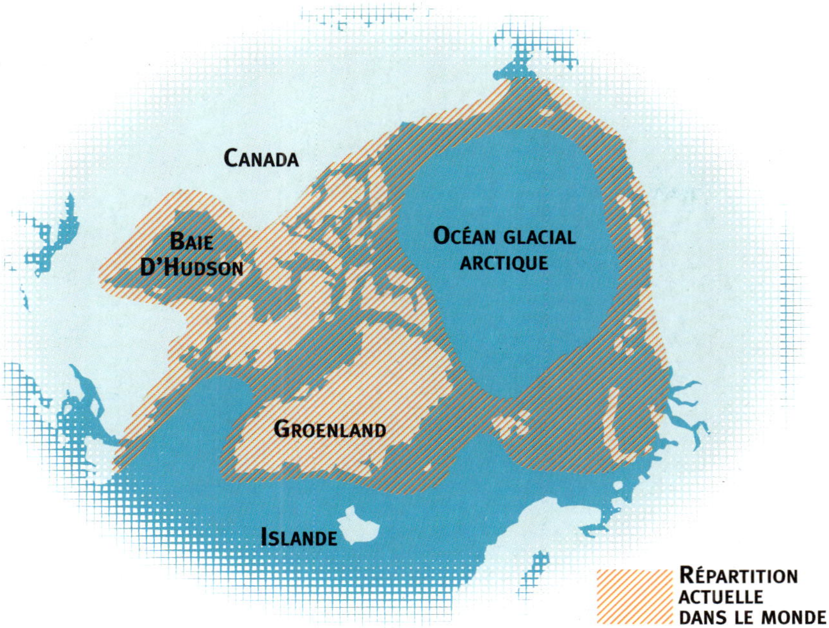

L'OURS POLAIRE ET LES VOITURES

Sous ses airs de gros nounours, l'ours polaire ou ours blanc est le plus grand carnivore terrestre. Ce maître du Grand Nord (Groenland, nord de la Norvège, du Canada et de la Russie) pèse près de 700 kilos et mesure jusqu'à 3 mètres de long !

Doté d'un odorat d'une grande sensibilité, il peut repérer un phoque situé à plus de 30 kilomètres de là. Il est aussi plus rapide que tous ses cousins ours. Il est même capable de rattraper des rennes à la course sur de courtes distances.

L'ours polaire est aussi un nageur exceptionnel. Il passe d'ailleurs les trois quarts de son temps dans l'eau. Certains ont même été aperçus à plus de 100 kilomètres des côtes !

Avec ses grosses pattes palmées, il nage très vite : 8 km/h, c'est beaucoup. Il est même capable de se reposer, voire de dormir, dans l'eau ! Il peut aussi plonger en apnée pendant près de deux minutes. Certains scientifiques le considèrent d'ailleurs comme un proche cousin de l'otarie !

Grâce à ses grosses pattes recouvertes de poils (imagine une patte de 30 centimètres de long sur 23 de large : c'est aussi grand que ton livre ouvert !), il se déplace sans problème sur les plaques de glace de la banquise. Il peut aussi assommer un phoque d'un seul coup de patte.

LE SAVAIS-TU ?

Les ours polaires possèdent une peau noire qui absorbe la chaleur, et leur épaisse fourrure blanche, totalement isolante, garde précieusement cette chaleur accumulée. Un ours polaire qui s'allongerait sur la glace ne la ferait pas fondre car sa chaleur ne passe pas sa barrière de fourrure ! Celle-ci est tellement efficace qu'il est impossible de distinguer un ours blanc sur la banquise avec une caméra à infrarouge !

ATTENTION DANGER !

Environ 22 000 ours blancs vivent encore dans le Grand Nord. La chasse, l'exploitation industrielle (du pétrole, du gaz, des minerais...) et la pollution chimique menacent ces animaux. Mais le plus grand danger pour l'avenir est celui du réchauffement de la planète.

Son ennemi : le réchauffement climatique

La majorité des ours polaires vit sur la banquise de la baie d'Hudson, au Canada, où ils se nourrissent presque uniquement de phoques, qu'ils chassent en hiver. Mais la glace de la banquise, si précieuse pour les ours blancs, dure de moins en moins longtemps et rétrécit d'année en année. La fonte précoce des glaces oblige alors les ours à

se rendre sur terre avant qu'ils n'aient complètement constitué leurs réserves de graisse. Là, sur les côtes, ils se nourrissent de végétaux et de petits animaux. Maigre pitance pour un ours...
Sur terre, les abris des mères et de leurs oursons sont de plus en plus souvent abîmés par la pluie, alors qu'il devrait neiger ! Moins bien protégées dans leurs abris, leurs réserves de graisse amoindries, les femelles produisent moins de lait, ce qui fragilise leurs oursons. Peu survivront.
Stressés et fatigués par les changements de leur habitat, les ours polaires aborderont l'hiver maigres et affaiblis.

Ce réchauffement du climat est dû à l'augmentation générale de la température sur Terre :

LE SAVAIS-TU ?

On peut être un ours grand et fort, mais avoir le museau délicat : lorsque le vent souffle un peu trop, l'ours polaire lui tourne le dos et cache son museau entre ses pattes pour le protéger.

DEVINE QUOI !

Combien de manchots un ours polaire peut-il manger en une année ?

Aucun, car les manchots vivent au pôle Sud !

c'est aujourd'hui devenu une certitude. La banquise et les glaciers des montagnes fondent, les tempêtes et les sécheresses sont plus fréquentes. La nature souffre et les espèces animales et végétales ont du mal à s'adapter à des changements aussi rapides. L'ours polaire est l'un des exemples les plus frappants, mais ce problème touche l'ensemble de la planète (y compris la France !).

LE SAVAIS-TU ?

Cette augmentation de température est liée au dérèglement de l'effet de serre. Dans l'atmosphère, certains gaz retiennent une partie de la chaleur apportée par les rayons du soleil. Ce phénomène est essentiel à la vie sur notre planète car, sans lui, il ferait – 18 °C sur Terre : frisquet...
Mais lorsque ces gaz, appellés « gaz à effet de serre », sont beaucoup trop nombreux, le réchauffement devient trop important et entraîne de lourdes conséquences pour l'ensemble de la vie sur Terre.

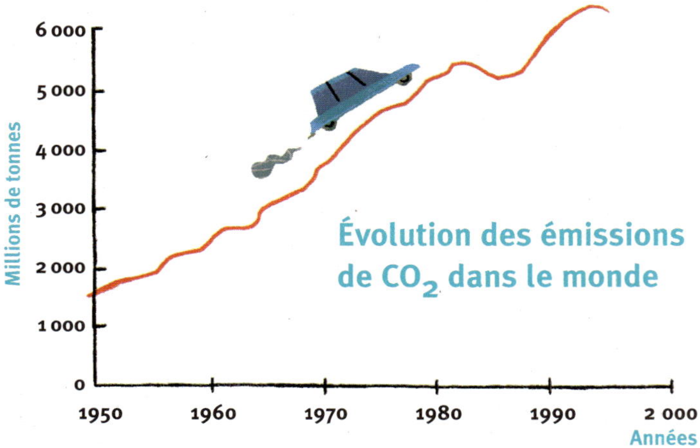

Évolution des émissions de CO_2 dans le monde

Certains gaz augmentent ce réchauffement. Les industries, les transports et les équipements de nos maisons rejettent beaucoup de gaz carbonique : le CO_2. C'est lui qui tient la plus grande place parmi tous les gaz à effet de serre. C'est lui que nous devons réduire avant tout.

LE SAVAIS-TU ?

Cette énorme pollution a provoqué une augmentation moyenne des températures de l'Arctique de plusieurs degrés en un siècle. À titre de comparaison, 5 °C environ nous séparent de la dernière époque glaciaire.

De nombreux pays se sont engagés à réduire leurs émissions de gaz à effet de serre, notamment au niveau des industries. Mais ce n'est pas assez : nous aussi, nous devons agir et vite ! Car, pour les ours polaires et de nombreuses autres espèces, ça chauffe !

CE QUE TU PEUX FAIRE

Le CO_2 part dans l'atmosphère à travers la cheminée des usines, le pot d'échappement des voitures ou des avions... mais aussi les chaudières au fuel ou à gaz naturel que nous utilisons dans nos maisons !

Ta mission : économiser l'énergie.

Moins d'énergie consommée = moins de gaz à effet de serre = moins de menaces sur la banquise et l'ours polaire !

EN TE DÉPLAÇANT

Les transports (voitures, camions, avions...) représentent un tiers de notre consommation en énergie et presque autant de gaz à effet de serre qui perturbent le climat. La pollution des voitures touche aussi nos poumons (difficultés respiratoires, maladies et allergies), les plantes, les bâtiments...

GARE AUX VOITURES !

Dès que tu le peux, propose à tes parents d'éviter l'usage d'une voiture et de préférer des moyens de transport moins polluants comme le bus, le car, le métro, le vélo, les rollers, la trottinette... ou tes pieds ! Les transports en commun rejettent en moyenne cinq fois moins de CO_2 par passager qu'une voiture : rappelle-le à tes parents !

LE SAVAIS-TU ?

Contrairement à ce que l'on pourrait croire, l'intérieur d'une voiture est plus pollué que l'extérieur ! En effet, une voiture aspire les gaz d'échappement des voitures qui la précèdent. Le cycliste, lui, se trouve plus haut et se déplace beaucoup plus vite en ville grâce aux pistes cyclables. Non seulement il fait du bien à ses poumons, mais aussi aux ours polaires !

LE SAVAIS-TU ?

En moyenne, une voiture reste à l'arrêt... 95 % de son temps !

À TOI DE JOUER !

Si tu t'ennuies en voiture, amuse-toi à compter le nombre de véhicules qui ne transportent qu'un seul passager : le conducteur ! Tu constateras que 90 % des voitures sont dans ce cas.

Lorsque ton trajet fait moins de 2 kilomètres, surtout n'insiste pas pour prendre la voiture : ces deux premiers kilomètres polluent deux fois plus que les autres ! Tu peux définir avec ta famille une distance en dessous de laquelle aucun d'entre vous ne prendra la voiture, mais ira plutôt à pied, à vélo, en rollers... Vous ferez des économies de pollution et d'argent, et du sport en même temps !

Ton camarade de classe ou ton voisin va peut-être dans la même direction que toi : demande à tes parents si tu peux l'accompagner. Cela s'appelle le « covoiturage ». Cela permet de sortir une seule voiture au lieu de deux, et donc d'éviter une pollution inutile. Ta famille aussi peut adopter cette façon de faire et la faire partager autour d'elle. De nombreuses associations proposent ce type de service, renseignez-vous !

N'encourage pas tes parents à l'achat d'un 4 x 4 ou d'un véhicule suréquipé, car ces voitures consomment et polluent plus que les autres !

Une plus petite voiture, c'est aussi une plus petite pollution. N'oublions pas qu'une voiture sert à se déplacer avant tout, pas à jouer au malin !

■ « Chauffeur, si t'es champion, appuie sur le champignon » : cette chanson connue des écoliers est de bien mauvais conseil ! C'est non seulement dangereux pour les passagers, mais aussi pour la nature : plus on roule vite et nerveusement, plus la voiture consomme de carburant (de 20 à 40 % en plus), et plus elle pollue !

■ Lorsqu'il fait chaud ou lorsque la pollution est forte, la voiture ne doit être utilisée que si on ne peut pas faire autrement, avec une vitesse réduite. Et n'utilise la climatisation qu'en cas de réel besoin : elle dégage des gaz encore plus dangereux pour le climat que le CO_2.

■ POUR LES VOYAGES

Pour les déplacements d'une ville à l'autre, préfère le train si tes parents t'y autorisent. C'est moins cher, surtout pour les enfants, moins fatiguant, moins dangereux et beaucoup moins polluant. Des accompagnatrices peuvent faire le voyage avec toi si tu voyages seul.

■ À LA CHASSE AUX KILOMÈTRES CACHÉS !

■ Les fruits et les légumes ont plus ou moins besoin de soleil pour mûrir… À chacun sa saison ! Or, pour satisfaire les consommateurs qui les demandent toute l'année, ces fruits et légumes

■ LE SAVAIS-TU ? ■

En se déplaçant d'un kilomètre, une personne émet (en gramme équivalent CO_2) :

Marche, vélo : 0

Bateau : 1

Train : 11

Bus, car : 80 à 90

Voiture à essence (taille moyenne) : 150

Monospace : 200

4 x 4 : 190 à 400

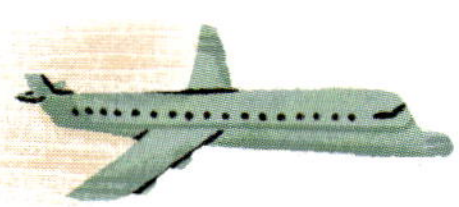

Avion : 360

parcourent beaucoup de kilomètres puisqu'ils sont importés par avion ou par camion des pays chauds, ou, cultivés dans une serre. Ils nécessitent alors beaucoup de chauffage.
Mieux vaut donc choisir un fruit ou un légume de saison, qui n'a pas été produit trop loin du lieu où tu l'achètes. C'est autant de CO_2 économisé !
Renseigne-toi auprès de tes parents, du commerçant ou en lisant l'étiquette pour savoir si ce fruit ou ce légume vient de loin.

■ Tu peux accompagner tes parents sur les marchés ou chez les producteurs (fermes, artisans...) : le produit que tu y choisiras aura fait moins de kilomètres.

■ Il n'y a pas que la nourriture, fais de même avec tous les produits, vérifie leur provenance et choisis celui qui n'a pas parcouru un trop long chemin.

LE SAVAIS-TU ?

Les différents éléments qui composent un jean (boutons, coton, fil...) sont transportés, en moyenne, sur 65 000 kilomètres avant d'être assemblés ; ils ont donc fait plus d'une fois et demi le tour de la Terre (qui fait 40 000 kilomètres) ! Restent ensuite les transports jusqu'au magasin, puis jusqu'à ta maison...

À LA MAISON

LES APPAREILS ÉLECTRIQUES

■ Évite de laisser un appareil en marche lorsque tu ne t'en sers pas, comme par exemple la télévision quand tu ne la regardes plus.

■ Fais la chasse aux « petites lumières rouges » (ou vertes) : télévision, décodeur, chaîne hi-fi, ordinateur... conservent une petite lumière allumée, même après qu'ils ont été éteints avec la télécommande. Ils sont alors « en veille » et consomment de l'énergie.

À TOI DE JOUER !

Pour te rendre compte de la consommation en électricité de ta maison, tu peux demander à tes parents d'éteindre tous les appareils électriques, même ceux qui sont en veille (sauf le réfrigérateur !).
Rallume-les ensuite un à un, en vérifiant les conséquences sur le compteur électrique.

LES ÎLES TUVALU

La Terre se réchauffe : les glaciers fondent et les océans se dilatent du fait de la chaleur. L'eau monte de 5 millimètres par an environ. Or, des îles paradisiaques culminent à seulement 2 mètres d'altitude !

C'est le cas de l'archipel de Tuvalu, dans l'océan Pacifique. À ce rythme, il aura complètement disparu dans cinquante à cent ans, mais il sera devenu invivable bien avant. En effet, des marées géantes infiltrent leur eau salée dans le sol, dans les maisons, dans l'aéroport...

Cela dégrade les installations électriques, « cuit » les cultures, contamine les nappes phréatiques, et donc l'eau potable...

Agir au quotidien pour réduire nos pollutions permettra aux îles Tuvalu de revivre en paix.

À TOI DE JOUER !

Tu vis en appartement, à l'étage ? En prenant plutôt les escaliers que l'ascenseur, tu utiliseras moins d'électricité et, en plus, tu feras du sport !

LE SAVAIS-TU ?

Une télévision laissée en veille une journée entière consomme plus que lorsque tu la regardes pendant deux films entiers !

Pour les éteindre complètement, appuie directement sur le bouton de l'appareil ou propose à tes parents de le débrancher. S'il y a une multiprise avec interrupteur, c'est encore mieux car cela coupe directement l'alimentation, sans risque d'électrocution. Attention toutefois à certains appareils comme les magnétoscopes, qui perdent alors leur programmation.

■ Un chargeur branché (celui du téléphone portable, du lecteur de CD...) continue de consommer de l'électricité même si aucun appareil n'y est mis à charger.

■ L'ÉCLAIRAGE

■ Éteins toujours la lumière en quittant une pièce où il n'y a plus personne.

■ Profite au maximum de la lumière du jour pour jouer, lire ou travailler. En t'installant près des fenêtres, tu éviteras d'allumer la lumière trop tôt.

■ Lorsqu'une ampoule grille, demande à tes parents de la remplacer par une ampoule « fluocompacte », aussi appelée ampoule « basse consommation ». Elle consommera beaucoup moins d'électricité et durera plus longtemps que les autres (sept fois plus !). Elle sera donc plus écologique et économique pour tes parents.

■ Les néons, comme ceux que tu as certainement dans ta salle de classe, sont aussi économiques que des ampoules basse consommation.

LE SAVAIS-TU ?

Une ampoule « normale » utilise presque toute son électricité pour chauffer son filament. Très peu sert à la lumière. Une ampoule fluocompacte ne produit presque aucune chaleur inutile et ne risque donc pas de te brûler.

AU SECOURS !

Les ampoules halogènes mériteraient vraiment un prix « anti-ours polaires » ! Une seule lampe halogène consomme en un an autant d'énergie que deux lave-linge ! Et certaines éclairent surtout le plafond...

LE SAVAIS-TU ?

En France, les réfrigérateurs et les congélateurs consomment chaque année deux fois plus d'électricité que l'ensemble du réseau TGV !

LE SAVAIS-TU ?

Les bombes aérosol aussi contiennent des gaz nocifs.
Il existe toujours une solution pour s'en passer : la bombe anti-odeurs peut être remplacée par un diffuseur d'odeurs biologique, par exemple, de même que l'insecticide, la laque à cheveux, la peinture, le déodorant corporel... peuvent être remplacés par des produits qui ne contiennent pas de gaz nocifs.

LE CHAUFFAGE

Le chauffage et l'eau chaude consomment à eux deux le plus d'énergie dans la maison. Avec quelques gestes simples, tu peux facilement éviter le gaspillage.

- Une température de 20 °C suffit dans le séjour, 18 °C dans les chambres (16 °C la nuit) ; 1 °C de plus, c'est aussi plus de CO_2 dégagé. Si tu as un peu froid, pense à mettre un pull ou à ajouter une couverture supplémentaire plutôt que d'augmenter le chauffage.

- Lorsque ce n'est pas nécessaire, évite d'utiliser de l'eau chaude, comme par exemple lorsque tu te laves les mains ou les dents.

- Pense à baisser ou à éteindre le chauffage quand tu ouvres une fenêtre, quand tu sors, et quand le soleil chauffe la pièce.

- En fermant tes volets, tu contribues aussi aux économies de chauffage, car ta chambre est mieux protégée de l'air froid extérieur.

LA CLIMATISATION

- Mieux vaut éviter de l'utiliser, car non seulement elle augmente la consommation d'électricité, mais en plus elle peut rejeter des gaz particulièrement dangereux pour l'environnement, les HFC (« hydrofluorocarbones »). Ils réchauffent mille fois plus l'atmosphère que le CO_2.

MIGRATIONS DES OURS POLAIRES VERS LES DERNIÈRES SOURCES DE FROID

À TOI DE JOUER !

Prends un drap, mouille-le (pas trop, quand même) et essore-le. Demande ensuite à tes parents de le pendre à ta tringle à rideaux. Te voici avec une climatisation parfaitement naturelle : l'air, en passant, crée une évaporation rafraîchissante.
Tu peux aussi passer une serpillière mouillée sur le carrelage. Tu éviteras ainsi d'utiliser des appareils électriques (ventilateur, climatisation) : il fera moins chaud dans la maison... et sur la banquise.

■ Si tu as la chance d'habiter une maison ou d'avoir un balcon, tu peux proposer à tes parents de faire pousser des plantes d'extérieur. Elles apporteront ombrage et fraîcheur.

■ Pour éviter d'avoir trop chaud, tu peux utiliser des pare-soleil, des humidificateurs... Si cependant tu utilises une climatisation, n'oublie pas de fermer toutes les ouvertures de la pièce (fenêtres, portes, aérations). Réduis au maximum l'écart entre la température extérieure et intérieure. Sinon, gare au rhume !

■ De même, pendant les journées de canicule, les volets fermés empêchent la chaleur d'entrer. Mais le soir venu, ouvre-les pour profiter de la fraîcheur des nuits et des vents. Inutile de mettre en marche climatisation et ventilateur électrique.

UN BON TRUC : LES ÉNERGIES RENOUVELABLES

Nous consommons tellement d'énergie que les réserves de gaz et de pétrole seront épuisées avant la fin de ce siècle.
Pourtant, il existe des sources d'énergie inépuisables, dites « énergies renouvelables », qui ne libèrent aucun gaz à effet de serre : ce sont le soleil, le vent, l'eau... tout simplement ! Il serait logique de les utiliser au maximum pour fabriquer de l'électricité, se chauffer et se déplacer.

L'ÉNERGIE SOLAIRE

On peut faire installer des capteurs solaires, sur le toit d'une maison par exemple. Grâce aux rayons du soleil, ils permettront de chauffer l'eau (solaire thermique) et d'obtenir de l'électricité (solaire photovoltaïque).

LE SAVAIS-TU ?

L'énergie solaire fonctionne aussi dans les régions où il n'y a pas beaucoup de soleil !

LE SAVAIS-TU ?

Le chauffage au bois ne contribue pas au réchauffement de la planète : en effet, lors de sa croissance, l'arbre absorbe du gaz carbonique, ce même gaz qui sera libéré lorsqu'il brûlera. Pas plus !

LE BOIS

Quel bonheur de se retrouver au coin du feu lorsqu'il fait froid dehors ! De plus, il existe aujourd'hui des appareils modernes (chaudières, poêles...) tout aussi agréables qu'une bonne et rustique cheminée, mais encore plus efficaces. Ils sont capables de chauffer toute une maison... de manière économique et écologique en plus.
Le progrès concerne aussi le bois de chauffage. Il existe maintenant des granulés (sciure ou copeaux de bois) et des « plaquettes » (déchets de bois) qui sont beaucoup moins encombrants que des bûches et permettent d'utiliser tout le bois, sans faire de gaspillage.

LES AUTRES ÉNERGIES

Selon les régions et les situations, il existe d'autres solutions :

- les éoliennes (sortes de moulins produisant de l'électricité grâce à l'énergie du vent),
- la géothermie (énergie issue de la chaleur souterraine de la Terre),
- les chauffages à partir de la biomasse (à partir d'éléments végétaux),
- ...

Ces équipements peuvent être installés pour une seule maison, mais aussi pour une ville ou une région entière. Pour plus de renseignement, tes parents peuvent contacter l'Ademe (Agence de maîtrise de l'énergie). Tél. : 08 10 06 00 50.

LES INUITS

Les voisins directs des ours polaires de la baie d'Hudson sont les Inuits, dont le nom signifie « les Hommes ». Ils sont aussi parfois appelés « Esquimaux », terme indien qui signifie « mangeurs de viande crue »... ce qui ne leur plaît pas beaucoup.

Ils nomment l'ours blanc « le grand errant solitaire », car celui-ci se déplace beaucoup : il effectue plus de 1000 kilomètres par an.

La culture des Inuits s'est construite en harmonie avec la nature. Par exemple, pour pallier l'absence de bois, ils utilisaient des poissons gelés enveloppés dans des peaux de phoque comme patins de traîneau. Et pour leurs maisons (les fameux igloos), ils utilisaient la neige. Elle les isolait de la température extérieure, qui peut descendre jusqu'à – 40°C !

Comme l'ours polaire, les traditions des Inuits sont donc aussi menacées : les phoques, les caribous, les oiseaux, les ours... sont à la base de leur alimentation, de leur artisanat et de l'ensemble de leurs coutumes.

LA LOUTRE ET LES DÉTERGENTS

L'EAU DOUCE, ÇA NE COULE PAS DE SOURCE !

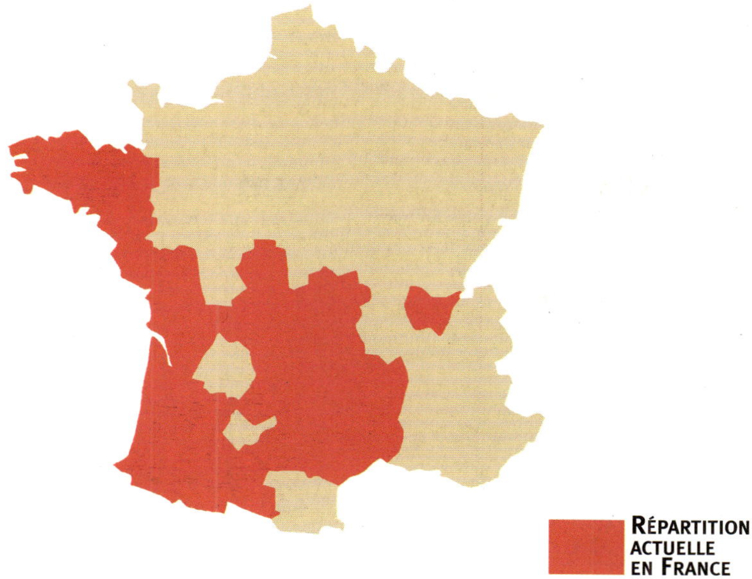

La loutre et les détergents

Gracieuse, des petites oreilles et des petites pattes palmées, un poids variant de 6 à 8 kilos, 60 à 80 centimètres de pelage brun soyeux et imperméable, une queue presque aussi grande qu'elle : la loutre est un peu le « top model » des rivières.

Longiligne et souple, elle a la capacité de se glisser dans l'eau sans faire aucune vague et de nager sans remous. Sur terre, ses courtes pattes ne lui permettent pas de se déplacer aussi rapidement, mais elle sait parfaitement se confondre avec la végétation. Elle se nourrit surtout de poissons, qu'elle poursuit avec vitesse et agilité. Elle ne dédaigne pourtant pas quelques insectes et écrevisses, voire des grenouilles ou des oiseaux, quand l'occasion se présente.

LE SAVAIS-TU ?

Discrète, la loutre fut longtemps mystérieuse pour les peuples qui la côtoyaient : ses allées et venues entre terre et eau l'ont désignée comme un messager des dieux pour beaucoup de cultures, un lien entre les mondes naturel et surnaturel.

Les loutres construisent des abris très particuliers pour leurs petits loutrons, nommés les « catiches » (du vieux français « se catir » qui veut dire « se cacher »). Avec une entrée dans l'eau et une autre au-dessus, ces catiches sont des terriers à l'image de la loutre : entre terre et eau.

La loutre n'attaque pas les proies les plus difficiles à attraper, c'est trop compliqué pour un animal aussi joueur ! Elle participe donc à l'équilibre écologique de son milieu en n'attaquant que les poissons les plus abondants, les plus faibles, voire malades. Elle s'amuse parfois à lancer sa proie en l'air, la rattrape, puis la relâche, l'observe... un peu comme le fait un chat. Comme lui, elle possède des vibrisses, c'est-à-dire des moustaches très sensibles, qui repèrent le moindre mouvement dans l'eau. Ce n'est pas pour rien que les Bretons la nomment souvent « kadour » : le « chat d'eau ».

ATTENTION DANGER !

Mal-aimée (on a cru qu'elle mangeait énormément de poissons) et traquée pour sa fourrure soyeuse, la loutre d'Europe a vu sa population française passer de plus de 50 000 individus au début du XXe siècle à environ 1 500 dans les années 1970.

Protégée depuis 1972, sa population a aujourd'hui doublé, mais son avenir n'est pas encore complètement assuré.

Pourquoi se fait-elle aussi rare en France ? Essentiellement car la population humaine et ses activités augmentent. L'homme perturbe ainsi les milieux naturels et détruit les zones humides (lacs, étangs, marais, mares...) pour en faire de nouvelles terres cultivables ou constructibles. La végétation des berges est supprimée, les cours d'eau canalisés, voire bétonnés. L'habitat des loutres disparaît et les eaux dans lesquelles elles vivent sont polluées.

LE SAVAIS-TU ?

D'après les différents textes de loi qui protègent la loutre, une personne qui en tuerait une de manière volontaire peut être condamnée à six mois de prison et neuf mille euros d'amende.

Son ennemi : la pollution par les produits toxiques

Les zones humides disparaissent, et les eaux sont polluées par les rejets de l'agriculture intensive (élevages et cultures), de nos maisons et de nos usines, qui se retrouvent dans les égouts, puis les cours d'eau. Or, les loutres y sont particulièrement sensibles.

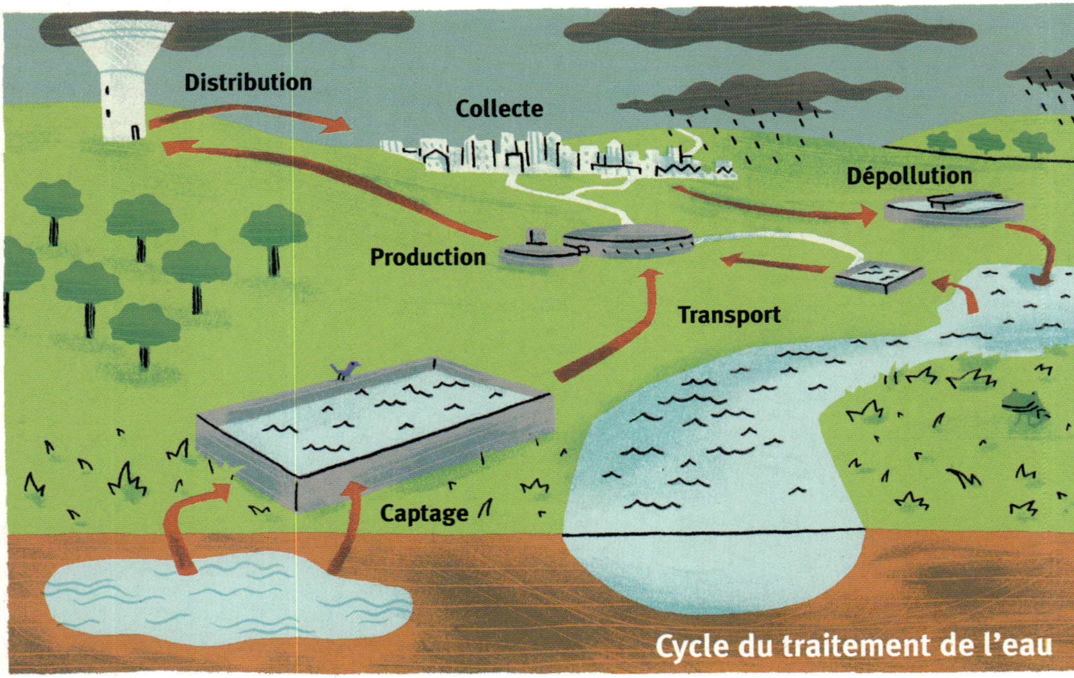

Cycle du traitement de l'eau

LE SAVAIS-TU ?

Les stations d'épuration, chargées de purifier les eaux, ne traitent encore que la moitié de nos rejets. L'autre moitié rejoindra les milieux aquatiques, qui finiront la purification.
C'est pourquoi il est très important de protéger les zones humides : aidons-les en polluant moins.

Les eaux de pluie ruisellent ou s'infiltrent vers les nappes phréatiques (nappes d'eau souterraines). Elles se chargent de métaux lourds, d'engrais, de pesticides (produits chimiques utilisés pour protéger les cultures des maladies, des insectes et des « mauvaises herbes »)… qu'elles auront rencontrés en cours de route, notamment dans les terres utilisées pour l'agriculture et le jardinage (voir « Le grand hamster et les pesticides »).

En gros, tous ces produits polluants passent dans l'eau. Ils sont absorbés par les végétaux aquatiques, dont vont se nourrir les poissons et les petits organismes. Ils contaminent alors toute la chaîne alimentaire. Ainsi, plus les poissons avaleront de végétaux pollués, plus la concentration de polluants ingérés sera importante. Et la loutre, qui se trouve en haut de la chaîne alimentaire, mangera ces mêmes poissons ! C'est pourquoi elle est aussi l'un des animaux les plus touchés par l'accumulation de produits toxiques. Empoisonnée, elle peut en mourir ou devenir stérile.

Depuis quelques années, les loutres reviennent ! Tu pourras par exemple en observer sur la rivière Allier. Mais comme elles sont très discrètes, tu seras un privilégié si tu aperçois leurs traces.

LE SAVAIS-TU ?

Au Moyen Âge, la loutre, comme le castor, était considérée comme un poisson par l'Église catholique. Celle-ci en autorisait donc la consommation le vendredi, qui est un jour interdit à la viande chez les catholiques.

CE QUE TU PEUX FAIRE

10 millions de personnes meurent chaque année d'une maladie liée à l'eau. L'eau potable est précieuse : elle est source de vie. La pollution des eaux nous touche tous : plantes, poissons, loutres, humains...

Ta mission : prendre soin de l'eau !

LE SAVAIS-TU ?

En France, chaque habitant consomme 160 litres d'eau par jour, dont 44 % pour le bain et la douche, 30 % pour cuisiner et laver le linge, et 26 %... pour nos W-C. Seulement 1 % de l'eau potable est bue !

À TOI DE JOUER !

Avec l'aide de tes parents : un soir, avant de te coucher, coupe tous les robinets et toute arrivée d'eau. Vérifie ensuite quel chiffre s'affiche au niveau du compteur d'eau. Le lendemain, retourne voir ce qui apparaît sur le compteur. Si le chiffre a changé, c'est qu'il y a une fuite d'eau quelque part.

DANS TA SALLE DE BAINS

L'eau que tu utilises dans ta salle de bains se charge des produits que tu y ajoutes (dentifrice, savon...). Elle ne sera retraitée qu'en partie avant d'atteindre les rivières. C'est pourquoi il est important d'utiliser moins d'eau et de produits polluants. Mais ce n'est pas une raison pour ne pas te laver... !

Quel délice, le bain plein de bulles et de mousse ! Mais avec un seul bain (250 litres d'eau), tu pourrais prendre cinq douches (50 litres). Et, pour te laver, préfère des savons solides aux gels douche : ils sont moins polluants, tu en utiliseras moins et ils sont moins emballés.

■ Si un robinet reste ouvert pendant trois minutes, ce sont 12 bouteilles de 1 litre et demi qui s'écoulent, c'est-à-dire 2 packs d'eau ! Ça va très vite ! Une goutte, puis une autre, et encore une autre... Alors, pense à bien fermer ton robinet lorsque tu as fini de t'en servir.
Et pas besoin de laisser couler l'eau pendant que tu te brosses les dents ou que tu te savonnes !

Héliote, **un économiseur d'eau qui, en plus, indique la température en virant du bleu au rouge quand l'eau est chaude !**

■ Dans certaines toilettes, tu trouveras des doubles-boutons (un petit bouton à côté d'un plus gros) : petite commission = petit bouton ! Tu consommeras ainsi deux fois moins d'eau.
Tu peux aussi laisser une bouteille remplie d'eau, de sable, ou autre, dans le réservoir afin qu'il ne se remplisse pas complètement.

■ Un bon truc : propose à tes parents d'installer un économiseur d'eau sur les robinets. C'est joli, et cela économisera de 20 à 50 % d'eau, sans que tu sentes aucune différence !

AU SECOURS !

Sauras-tu reconnaître la signification de ces symboles ?
Dans tous les cas, n'utilise pas les produits portant ces symboles (et plus particulièrement celui qui signifie « dangereux pour l'environnement ») : ils sont nocifs pour toi et la nature.

E - Explosif

N - Dangereux pour l'environnement

O - Comburant

T- Toxique
T+ - Très toxique

C - Corrosif

F - facilement inflammable
F+ - extrêmement inflammable

Xn - Nocif

Xi - Irritant

POUR NETTOYER LA MAISON

Malgré leur utilisation banale, les produits d'entretien en tout genre, les solvants, les colles, les peintures... ne sont pas inoffensifs. Bien au contraire, ils polluent les sols, l'eau et l'air. De plus, une fois arrivés dans les égouts, ces produits chimiques se mélangent. Ils deviennent alors encore plus dangereux et vont être plus difficiles à traiter par les stations d'épuration chargées de les détruire : ils retourneront donc en partie dans la nature.

Les produits d'entretien que tes parents utilisent pour nettoyer le linge, la vaisselle, les sols, les éviers ou les plaques de cuisson sont des détergents. Ils contiennent le plus souvent des phosphates. Une fois dans les cours d'eau, ces composants favorisent le développement d'algues, qui asphyxient les lacs et les rivières en prenant

l'oxygène des poissons et des plantes. On parle alors d' « eutrophisation ». C'est une catastrophe pour les rivières et les lacs !

Pour ta sécurité et celle de la nature, ne manipule pas ces produits sans tes parents. Et, si cela t'arrivait, n'hésite pas à réduire les doses : cela lavera aussi bien !

■ Il existe des produits plus écologiques vendus dans les magasins « bio », notamment des produits sans phosphate. Ce sont les seuls qui ne participeront pas à cette pollution.

■ Les lingettes sont si simples à utiliser qu'elles semblent parfaites... Mais en réalité, non ! Elles utilisent plus de composants polluants que lorsqu'on se sert des produits traditionnels et provoquent vingt-trois fois plus de déchets ! Incite tes parents à acheter des chiffons et serpillières en microfibres, efficaces et écologiques.

LE PLUS DU PANDA

Pour Noël ou ton anniversaire, évite les jouets à piles, les boîtes d'expérimentation chimique, les jouets à composants toxiques, car leurs résidus rejoindront la nature, un jour ou l'autre.

LE SAVAIS-TU ?

Le mercure contenu dans une seule pile jetée dans la nature pollue 1 m^3 de terre et 1 000 m^3 d'eau pendant cinquante ans.

LE SAVAIS-TU ?

Si tu veux te débarrasser d'un papier ou d'un chewing-gum, évite de le jeter dans un caniveau ou dans un égout. Les eaux qui s'écoulent le long des trottoirs ne sont pas traitées. Elles vont dans les égouts, qui les rejettent ensuite directement dans les rivières. Attends plutôt de trouver une poubelle.

LE PLUS DU PANDA

Propose à ton école, ou à tes proches, d'organiser une journée de nettoyage des rives d'un cours d'eau : tu sera surpris du nombre de déchets transportés par les eaux, et tu comprendras pourquoi les loutres désertent nos rives.

■ Les aérosols et autres bombes à vaporiser contiennent des produits toxiques, inflammables, explosifs et non réutilisables. Utilise-les le moins souvent possible !

■ Si tu as l'espace pour le faire, tu peux faire plaisir à tes parents en lavant la voiture toi-même : cela évitera les centres de lavage, qui utilisent beaucoup trop d'eau ! Un lavage au jet réclame de 100 à 200 litres d'eau potable ; en prenant quelques seaux d'eau et une éponge, tu en utiliseras dix fois moins !

DANS TA POUBELLE AUSSI

■ 1 litre d'huile alimentaire (vinaigrette, huile de boîte de thon ou de sardines, huile de friture...) déversée dans un évier ou, pire, 1 litre d'huile de vidange de voiture versée directement dans un égout ou une rivière = 10 000 m^2 d'eau polluée et asphyxiée, soit la surface de 1 terrain de football ! Si tu as besoin de te débarrasser d'huile, verse-la dans une bouteille vide. Jette-la ensuite dans la poubelle normale, avec les autres produits non recyclables.

■ Ne jette surtout pas tes vieilles piles dans la poubelle ! Les piles contiennent des éléments toxiques particulièrement nocifs pour les cours d'eau. Choisis de préférence des appareils qui fonctionnent sans elles. Sinon, utilise plutôt des piles sans mercure ni cadmium ou, mieux encore, des piles rechargeables, qui peuvent être réutilisées entre quatre cents et mille fois. Lorsque ces piles sont

L'ESTURGEON

L'esturgeon provient d'une branche très ancienne de poissons, ce qui lui confère cet aspect de poisson préhistorique. Bien qu'impressionnant, l'esturgeon est très discret car il aime les profondeurs.

L'esturgeon ne passe pas inaperçu : certains, en Russie, peuvent atteindre 6 mètres de long et peser plus de 1 tonne !

Comme la loutre, l'esturgeon est touché par la dégradation des eaux, mais aussi et surtout par la construction de barrages destinés à produire de l'électricité. Ceux-ci les empêchent notamment de circuler dans les fleuves et d'assurer la reproduction de leur espèce. Car l'esturgeon est un poisson migrateur, comme le saumon. Il vit en mer, où il trouve une nourriture abondante, mais au printemps il remonte le fleuve de ses origines pour se reproduire dans des zones d'eau profonde où le courant est fort. Le petit esturgeon y restera les premiers mois de sa vie avant de rejoindre la mer.

LE SAVAIS-TU ?

L'esturgeon était autrefois considéré comme un poisson inutile, voire nuisible, car il pouvait détruire les filets de pêche.
Parfois utilisé comme nourriture pour le bétail à cette époque, il est aujourd'hui considéré comme un mets de luxe, notamment pour ses œufs, dont on fait le célèbre caviar en les faisant mariner dans du sel.
Braconnés à la fois pour leurs œufs si précieux et pour leur chair succulente, les esturgeons de la mer Caspienne, qui sont les plus appréciés et les plus célèbres, sont pêchés sans limite. Si les pays riverains n'agissent pas, certains scientifiques prévoient l'extinction de l'esturgeon russe dans deux ou trois ans.
Toutes les espèces d'esturgeons du monde sont menacées. En France, alors qu'il peuplait tous les grands fleuves, l'esturgeon d'Europe ne vit plus que difficilement dans le bassin Gironde-Garonne-Dordogne.
Depuis 1982, sa pêche et sa vente sont interdites sur le territoire français.

arrivées en fin de vie, n'oublie pas de les rapporter dans un point de vente de piles (horlogers, supermarchés…), où tu trouveras un bac de récupération spécial.

■ Lorsque tu te promènes sur les bords d'une rivière, tu peux emmener avec toi un panier ou un sac : tu pourras alors ramasser les déchets échoués sur la rive pour les jeter dans une poubelle.

UN BON TRUC : BIEN CHOISIR SES VÊTEMENTS

Pour la nature, tous les vêtements ne se valent pas, et ce n'est pas une question de marques !

■ Certaines matières sont particulièrement nocives pour les cours d'eau. C'est le cas des tissus synthétiques (polyester, Nylon, Lycra…) dont la fabrication nécessite soude caustique, acide sulfurique et sulfate de soude : un vrai bain de produits toxiques ! Évite de les choisir pour t'habiller.
En revanche, les fibres polaires peuvent être fabriquées à partir de bouteilles de plastique recyclées (14 à 25 bouteilles suffisent pour confectionner un pull). Alors pense bien à trier tes bouteilles avant de les jeter, et choisis des polaires toutes douces et toutes chaudes fabriquées de cette façon.

■ La culture du coton nécessite beaucoup d'eau. Pour en produire 1 kilo, de 7 000 à 29 000 litres d'eau sont utilisés. De plus, le quart de tous les

À TOI DE JOUER !

Connais-tu l'encre sympathique ? C'est une encre invisible au premier coup d'œil et sans aucun danger pour la loutre. Pratique pour envoyer des messages secrets… Prends tout simplement du jus de citron, trempe une plume ou un petit bout de bois pointu dedans et écris ton message. Il suffira de passer la feuille près d'une ampoule électrique ou de toute autre source de chaleur pour que le message apparaisse.

pesticides employés dans le monde le sont pour la culture du coton, et pour seulement 3 % de terres cultivées !
Il existe des vêtements en coton biologique : penses-y ! Ce coton utilise un peu moins d'eau et pas du tout de pesticides !

■ Privilégie les vêtements en matières naturelles, qui sont de plus très agréables à porter : la laine en hiver, la soie en toute saison, et le lin ou le chanvre en saison chaude. L'impact de leur fabrication sur l'environnement est beaucoup moins important que dans le cas des autres tissus !

LA MER D'ARAL

Située au sud de la Russie (entre l'Ouzbékistan et le Kazakhstan), la mer d'Aral avait autrefois une superficie de 67 000 km^2, soit deux fois celle de la Belgique. Mais elle a aujourd'hui diminué de plus de moitié ! Le responsable : la culture intensive du coton !

En 1950, l'État soviétique décida de remplacer les cultures de chanvre, une plante qui pousse traditionnellement dans cette région, par des cultures de coton. Mais, pour faire pousser ce coton qui nécessite tant d'eau, les deux fleuves qui nourrissent la mer d'Aral ont été tellement exploités que l'un d'entre eux est désormais asséché. Plus de 95 % des marais et des terres humides sont remplacés par des déserts de sable. Et plus de cinquante lacs dépendant de ces fleuves sont presque totalement asséchés. La concentration de sel dans l'eau restante a été multipliée par quatre, ce qui rend toute vie marine impossible.

Aralsk, le principal port de pêche de la région, se retrouve aujourd'hui à plus de 80 kilomètres de la mer ! Les emplois liés à la pêche ont disparu, et les habitants d'Aralsk vivent dans la misère.

Les multiples pesticides, engrais et herbicides utilisés pour la culture du coton ont contaminé l'eau et les aliments. Et le vent soulève le fond de la mer d'Aral mis à nu, et forme des nuages de sel, de sable et de pollution que les habitants respirent. Ils détiennent ainsi un bien triste record de mortalité infantile, de malformations, de cancers...

En asséchant la mer d'Aral, c'est aussi le climat qui est devenu plus sec. Autrefois, la mer d'Aral était une oasis d'abondance au milieu des déserts et des steppes de la région. Cette réserve d'eau abritait environ 100 espèces de poissons, 150 de mammifères, et 200 d'oiseaux, aujourd'hui toutes disparues. D'après de nombreux écologues, la mer d'Aral est désormais un écosystème mort.

Néanmoins un grand projet prévoit de rendre certains cours d'eau, détournés pour l'irrigation du coton, à une petite partie de la mer d'Aral, afin de lui rendre la vie.

LE GORILLE ET LES TÉLÉPHONES PORTABLES

■ ■ ■

STOP À LA COURSE À LA CONSOMMATION !

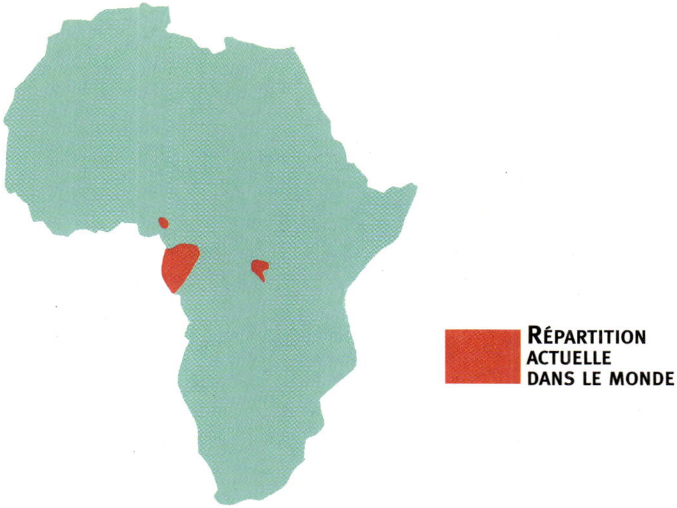

LE GORILLE

ET LES TÉLÉPHONES PORTABLES

Le gorille est le plus grand des primates, il peut mesurer près de 2 mètres et certains mâles atteignent 250 kilos !
Il grimpe rarement aux arbres, et préfère rester au sol, où il marche à quatre pattes. Quand il se sent menacé, il se redresse sur ses pattes arrière et tambourine sur sa poitrine avec ses poings en grondant puissamment.
Comme les hommes, ces singes vivent en groupe et forment des familles. Les femelles ont des petits tous les quatre ans ; ils restent très longtemps avec elles.
Les gorilles vivent en Afrique, où on estime leur population à un peu plus de 110 000. Ils sont répartis en trois sous-espèces, toutes menacées. Une de ces sous-espèces, le gorille des montagnes, risque de disparaître : il ne reste plus que 700 individus à l'état sauvage.

DEVINE QUOI !

Pourquoi les gorilles ont-ils de grosses narines ?

Parce qu'ils ont de gros doigts !

ATTENTION DANGER !

La moitié des gorilles a disparu en vingt ans à cause de la perte de leur habitat, de la chasse pour approvisionner les marchés en « viande de brousse », de la capture des bébés comme animaux de compagnie, et d'un virus qui touche aussi les humains, le virus *ebola*. Mais un nouveau danger pèse sur les gorilles : le coltan.

Son ennemi : la surexploitation des ressources naturelles

Dans la partie orientale de la République démocratique du Congo, dans la région du Kivu où vivent des gorilles, a lieu une guerre meurtrière dont l'exploitation d'un minerai rare, le coltan, est la cause. Plus de trois millions de personnes ont été tuées depuis 1998, et la population des gorilles de plaines de l'Est est passée de 17 000 à moins de 3 000 individus ! Le coltan, dont 80 % des réserves connues se trouvent dans le Kivu, est indispensable à la fabrication des téléphones portables, des ordinateurs et des consoles de jeu.

CE QUE TU PEUX FAIRE

Nos achats ont des répercussions, même à l'autre bout du monde : en consommant de façon exagérée, en se précipitant sur le dernier téléphone ou sur la dernière console de jeu à la mode, nous avons un impact sur la nature en général... et sur les gorilles en particulier ! C'est l'« effet papillon » (voir page 10).

Chaque produit que nous achetons consomme des ressources naturelles et provoque des pollutions et des déchets. Avant d'acheter un produit, tu peux te demander :

- Est-ce que j'en ai vraiment besoin ?
- Est-ce que je pourrais me faire plaisir autrement ?
- Quel produit aura le moins d'impact sur l'environnement ?
- Comment réduire mes déchets ?

LE SAVAIS-TU ?

Si tout le monde vivait comme un Français, il faudrait deux planètes supplémentaires pour vivre tous ensemble ! Inspirons-nous dès à présent de cette phrase prononcée il y a quelques années par Gandhi, un sage indien :
« Vivre simplement, pour que simplement d'autres puissent vivre. »

LE SAVAIS-TU ?

En France, le quart de notre nourriture finit à la poubelle.

CONSOMMER MOINS, CONSOMMER MIEUX

Tu peux échanger tes jeux, tes disques, tes livres avec ceux de tes amis ou de tes frères et sœurs. Tu peux aussi aller dans une médiathèque ou une ludothèque pour les emprunter, cela évitera de les acheter pour une utilisation souvent unique.

Un vieil objet peut sans doute être réparé ou recyclé. Tu éviteras ainsi un nouvel achat et ses conséquences sur la nature. Ton vieux vélo trouve une nouvelle jeunesse, cette vieille paire de skis se transforme en luge géante ! Ces objets auront en plus une valeur inestimable : ils seront uniques !

Au lieu de jeter un vieux jean, tu peux le personnaliser en cousant dessus une pièce de tissu. Parfois, une déchirure supplémentaire fait toute la différence ! Tu peux aussi imaginer des dégui-

sements avec tes vieux vêtements ou ceux de tes parents. Pour une soirée, les chemises de grand-père, ça peut être rigolo !

■ Tu peux aussi déposer tes vieux vêtements dans un conteneur spécialisé. Ils seront ensuite utilisés par des associations caritatives qui sauront les redistribuer à des personnes qui en ont besoin ou les revendre (tels quels ou sous forme de chiffons) pour collecter des fonds.

■ Écoute les conseils de tes parents : ne laisse pas perdre la nourriture !

■ Participe avec ta famille et tes amis à la « journée sans achat » (fin novembre) : le jeu consiste à ne rien acheter pendant toute une journée. Tu verras qu'on peut être très heureux sans forcément rôder dans les grands magasins : profites-en pour jouer, faire du sport, te promener dans la nature, écouter tes parents te raconter leur enfance !

■ **LE SAVAIS-TU ?** ■

Un enfant voit en moyenne 40 000 publicités à la télévision chaque année !

À TOI DE JOUER !

PARS À LA CHASSE AUX ÉCOLABELS !

Les produits les plus écologiques portent souvent un écolabel qui garantit que leur impact sur la nature est moindre. Amuse-toi à les repérer dans les magasins, et demande à tes parents de les choisir en priorité.

NF environnement (écolabel officiel français)

Écolabel européen (écolabel officiel de l'Union européenne)

Écolabels étrangers Par exemple le label allemand Ange Bleu, et le label nordique Cygne Blanc

■ Attention à la publicité : même si elle est souvent drôle et excitante, elle t'incite à acheter des produits dont tu n'as pas vraiment besoin, et qui, à la longue, épuisent la planète. Ce nouveau jeu électronique est tentant, mais ne peux-tu pas l'emprunter ? Il y a bien des façons de se faire plaisir autrement qu'en achetant... En partageant, par exemple, les objets comme les moments !

■ LES PRODUITS ÉCOLOGIQUES ■ ■

S'il faut acheter un produit, autant en choisir un qui a le moins d'impact sur la nature : un « produit écologique » nécessite peu de ressources naturelles pour sa fabrication, il pollue peu quand on l'utilise, et il crée peu ou pas de déchets à la fin de son existence.

Pour ces raisons, quand tes parents font des courses avec toi, amusez-vous à repérer et à choisir les produits :

■ Conçus pour être recyclés, repris ou réutilisés : les verres à moutarde par exemple, ou les écorecharges de lessive ;

■ Fabriqués en matières naturelles (bois, verre, laine vierge...) ;

■ Qui durent longtemps : évite les produits jetables comme les gobelets en plastique, les serviettes en papier. Pour passer du jetable au durable, mieux vaut utiliser les verres, les serviettes en tissu...

■ Fabriqués près de chez toi, pour éviter les nuisances dues à leur transport ;

■ Avec le moins d'emballages possible.

LES WAYANA

L'extraction de l'or, comme celle du coltan, peut être un danger pour la nature comme pour l'homme ; c'est pourquoi les Wayana se sont toujours opposés à l'orpaillage sur leur territoire.

Les Amérindiens Wayana habitent en Guyane, un département français d'Amérique du Sud. Ils vivent dans la forêt au bord du fleuve Maroni. Ils sont menacés depuis quelques années du fait de l'exploitation clandestine de l'or. En effet, l'orpaillage utilise de grandes quantités de mercure, un métal très toxique : il faut 1,3 kg de mercure pour obtenir 1 kilo d'or.

Une grande partie de ce mercure s'écoule vers les fleuves et se concentre dans l'organisme des poissons, lesquels seront ensuite mangés par les Wayana.

Cela peut entraîner des malformations pour les bébés, et des troubles graves du système nerveux. Une étude officielle recommande aux Indiens de limiter leur consommation de poissons carnivores, car ceux-ci sont contaminés. Or cette mesure d'urgence est en contradiction totale avec leur mode de vie.

Pour ces achats, les magasins bio offrent un large choix de produits écologiques.

■ Le WWF propose un site Internet pour choisir les produits qui consomment le moins d'énergie : www.topten.info. Recommande-le à tes parents s'ils doivent acheter un réfrigérateur, un lave-linge... Ainsi toute la famille fera des économies, et ça sera toujours un petit geste en faveur des animaux.

■ LES JOUETS

■ La nature, c'est l'aventure ! Joue dehors ! Fais de la nature ton terrain de jeu et d'observation ! Construis des cabanes, des nichoirs, observe les oiseaux, les étoiles, fais du vélo, des rollers, des balades... les activités de plein air sont infinies ! Fais-toi offrir des cadeaux qui vont te permettre de mieux découvrir la nature, comme des jumelles ou une loupe. Tu apprendras ainsi à mieux la connaître et à mieux l'aimer.

■ Comme pour tout achat, les jouets les moins polluants sont ceux fabriqués en matériau naturel, et qui durent longtemps. Et les jouets avec beaucoup d'emballages, c'est vraiment idiot : tu ne vas pas jouer avec le plastique !

■ Mieux encore, as-tu déjà essayé de te fabriquer tes propres jouets ? Cabane faite avec des cartons d'emballage, voiture réalisée avec des canettes en aluminium, téléphone fabriqué avec des pots de yaourt te permettront d'épater tes amis avec ces jouets vraiment originaux et personnels !

LE TÉLÉPHONE ÉCOLO !

MATÉRIEL NÉCESSAIRE :

2 pots de yaourt, 1 long fil... et un(e) ami(e) !

Prends deux pots de yaourt vides (et bien lavés !) et perce un petit trou dans chacun des fonds. Passe un fil de plusieurs mètres de long dans le trou d'un des pots et fais un nœud à une extrémité pour que le fil ne s'en aille pas. Fais-la même chose à l'autre extrémité du fil, avec l'autre pot.

Ton téléphone est prêt ! Toi et ton ami, prenez chacun un pot de yaourt et tendez le fil. Maintenant tu peux parler dans ton pot. À l'autre bout du fil, ton correspondant t'entendra et pourra te répondre...

C'est vrai, ça n'ira pas aussi loin qu'un téléphone portable ! Mais c'est amusant de voir tout ce qu'on peut faire avec « trois bouts de ficelle ».

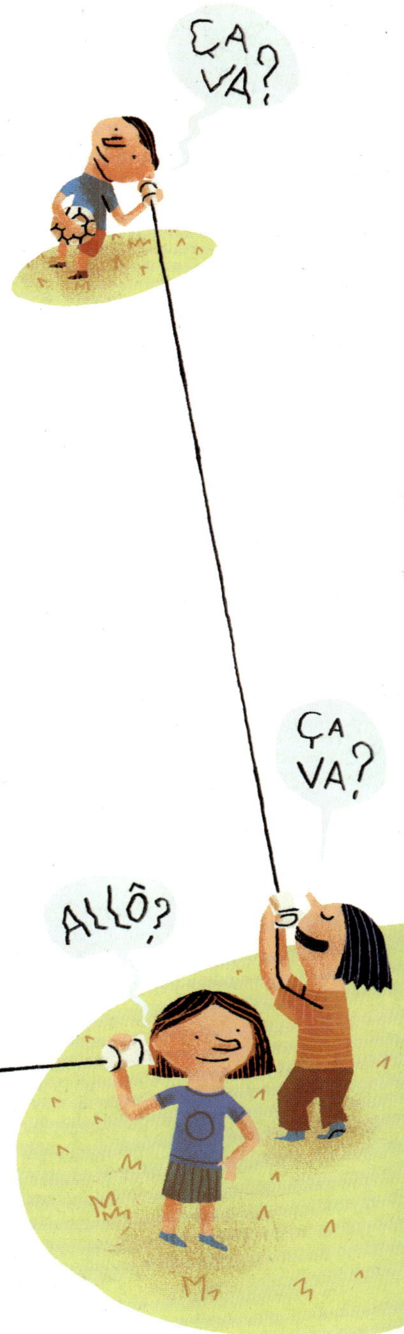

À L'ÉCOLE AUSSI

Et si tu te constituais un « cartable écologique » ?

Crayons de couleur : choisis-les en bois naturel, sans vernis ni teinture qui polluent.

Stylos : privilégie les stylos à plume, que tu recharges, plutôt que des stylos à bille jetables. Et choisis l'encre bleue, qui est généralement fabriquée à base d'eau. Elle ne salit pas les rivières.

Surligneurs : utilise des crayons de couleur plutôt que des stylos fluorescents, dont le plastique est polluant.

DEVINE QUOI !

Comment fait-on pour prendre la température à un gorille ?

Avec précaution !

■ Porte mines : comme ils sont rechargeables, ils durent plus longtemps et ont donc un impact limité sur l'environnement.

■ Feutres : prends ceux à base d'eau ou d'alcool et de colorants alimentaires, identifiables à la mention « lavable ». Les autres peuvent être toxiques.

■ Règle : choisis-la en bois ou en métal ni coloré ni vernis. Les règles en plastique sont plus fragiles et plus polluantes.

■ Gommes : les meilleures sont celles en caoutchouc naturel non coloré. Évite les étuis à gomme, qui ne servent à rien.

■ Colles : préfère les colles naturelles, dont le solvant a été remplacé par de l'eau.

■ Papier, cahiers : choisis-les en papier recyclé. Et pense à utiliser le dos des feuilles imprimées comme brouillon ou pour faire des dessins, tu sauveras ainsi beaucoup d'arbres.

■ Calculatrice : une calculatrice solaire sera plus économique qu'un modèle fonctionnant avec des piles, et bien moins toxique pour la nature.

■ En-cas : pour ton goûter ou ta pause-déjeuner, propose à tes parents de remplacer les briques, les canettes, les papiers, le plastique, l'aluminium... par des boîtes à tartine, des bouteilles en plastique réutilisables ou bien des gourdes. Tu éviteras ainsi de produire des déchets inutiles.

LA CAMARGUE

En France, la Camargue est un vrai joyau de la nature : nichée dans le delta du Rhône, c'est un lieu magique de marais et de terres basses où la mer et l'eau douce du fleuve jouent à se repousser l'une l'autre.

Paradis pour la loutre, le castor, les tortues, et pour plus de 400 espèces d'oiseaux, dont le célèbre flamant rose, c'est une étape délicieuse pour les nombreux oiseaux migrateurs qui viennent y trouver un repos bien mérité au cours de leurs longs périples.

Mais la Camargue est menacée par les incinérateurs utilisés pour brûler les déchets. Les incinérateurs rejettent dans l'atmosphère des particules toxiques comme la dioxine qu'humains, animaux et plantes respirent ou avalent. C'est très dangereux pour la santé de tous.

Il est donc important de bien trier ses déchets, pour limiter le brûlage en incinérateur.

LE SAVAIS-TU ?

Pour se reproduire, les flamants roses ont besoin d'un îlot à l'abri des curieux et des prédateurs. Les amoureux de la nature en ont construit un en Camargue, où près de 10 000 couples s'y reproduisent chaque année. C'est la seule colonie reproductrice qui existe en France.

À TOI DE JOUER !

LE GRAND JEU DU TRI SÉLECTIF

Poubelle blanche, jaune, verte, bleue… pas toujours facile de savoir où jeter ses déchets ! Pourtant, il est très important de bien trier ses déchets, car cela facilitera le recyclage, qui permet de fabriquer de nouveaux objets sans exploiter de nouvelles ressources naturelles :

- **des bouteilles en plastique recyclées servent à fabriquer des vêtements en fibres polaires ;**
- **le carton peut donner lieu à la fabrication de nappes en papier ou d'essuie-tout ;**
- **les emballages métalliques peuvent être transformés en tôle ;**
- **le verre pourra servir à fabriquer de nouvelles bouteilles ou des matériaux de construction (laine de verre, sable).**

Pour bien trier tes déchets, demande conseil à tes parents : le tri peut devenir un vrai jeu en famille ! Le mieux est de vous renseigner auprès de votre mairie, et de lire attentivement les consignes figurant sur vos poubelles de tri sélectif.

Et si tu as un doute sur un déchet, mieux vaut le jeter dans la poubelle « normale ».

LES DÉCHETS

La plupart de nos achats finissent à la poubelle : chaque Français produit en moyenne 440 kg d'ordures ménagères par an, soit 1,2 kg de déchets par jour !
C'est pourquoi il vaut mieux limiter sa consommation d'emballages et adopter le tri sélectif. Le meilleur déchet est celui que l'on ne produit pas !

LES EMBALLAGES

Les emballages représentent la moitié du volume de nos déchets. Les biscuits, par exemple, sont fréquemment emballés dans une barquette plastique (ou pire, dans des emballages individuels), puis un film en aluminium et, enfin, une boîte en carton. Choisis plutôt les produits avec le moins d'emballages possible, comme les biscuits en vrac. La nature et les animaux t'en seront reconnaissants !

Attention aussi aux portions « mini » (biscuits, fromages…) : mieux vaut acheter un grand paquet que plusieurs petites portions, tu réduiras d'autant les emballages polluants.

■ Il existe aussi des emballages naturels biodégradables (papier, carton...) ou recyclables (verre). Pour tes jus de fruits, par exemple, préfère les bouteilles en verre.

■ LES DÉCHETS ALIMENTAIRES

■ Les restes de repas, les trognons de fruits, les épluchures, les coquilles d'œuf... peuvent être utilisés pour faire du compost lorsqu'on a un jardin (voir « Le grand hamster et les pesticides).

■ LE VERRE

■ Le verre peut être recyclé indéfiniment : ta bouteille en verre a pour ancêtre des dizaines d'autres bouteilles ! Tu peux trier les pots, les bouteilles ou les bocaux. Mais jette vaisselle, terre cuite, miroirs, vitres, ampoules électriques et porcelaine avec les déchets non recyclables.

■ LE SAVAIS-TU ? ■

Dans la poubelle d'un Français moyen :

- **40 % des déchets peuvent être compostés,**
- **40 % peuvent être recyclés ou réparés,**
- **pour les 20 % restants, de nombreux progrès restent à accomplir.**

■ LE SAVAIS-TU ? ■

Porté par 90 % des emballages, le logo Point vert ne signifie pas que le produit peut être recyclé, mais que le fabriquant verse de l'argent à une société qui s'occupe des déchets.

L'anneau de Möbius signifie soit que le produit est recyclable, soit qu'il est fait de matières recyclées. Mais, pour que le produit soit effectivement recyclé, il faut pratiquer le tri sélectif et le mettre dans la bonne poubelle.

À TOI DE JOUER !

RECYCLABLE, COMPOSTABLE ?

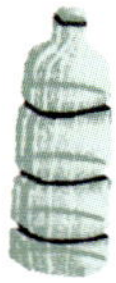

1 Bouteille d'eau

2 Pot de yaourt

3 Coquilles d'œuf

4 Canette de soda

5 Ampoule électrique

6 Journal

7 Trognon de pomme

1 recyclable. **2** pas recyclable.
3 compostable. **4** recyclable.
5 pas recyclable. **6** recyclable.
7 compostable.

LE PAPIER ET LES CARTONS

Le tiers de nos poubelles contient du papier et des cartons : il est donc essentiel de les trier convenablement.

Journaux, magazines, prospectus sont recyclables. Mais les papiers qui contiennent de la colle ne le sont pas : enveloppes, papiers plastifiés, livres… C'est aussi le cas des papiers gras ou salis.

Les cartons en tout genre (boîtes, emballages…) peuvent être recyclés, sauf ceux qui sont salis.

Trouve un carton ou une corbeille qui deviendra ta poubelle « spéciale papier ». Pose-la près de ton bureau, par exemple, et mets-y tous tes vieux papiers et cartons. Tu peux aussi y mettre les magazines, les journaux, les prospectus… Une fois que ta corbeille sera pleine, tu pourras la vider dans la poubelle de recyclage du papier.

LE PLASTIQUE

Les bouteilles d'eau, de soda, de soupe... sont recyclables, à condition de les placer dans la poubelle destinée aux plastiques. Ce n'est pas le cas, en revanche, des pots de crème ou de yaourt ni des barquettes en polystyrène.

Porter des bouteilles d'eau pleines et les jeter ensuite vides à la poubelle, quelle corvée... et que de déchets ! L'eau du robinet est parfaitement potable, la boire est plus économique et pollue bien moins. Si tu souhaites que l'eau ait meilleur goût, tu peux proposer à tes parents d'utiliser un filtre monté sur le robinet ou la carafe. Il améliore la qualité de l'eau... et évite la fabrication de bouteilles en plastique.

DEVINE QUOI !

Pourquoi les chats n'aiment-ils pas l'eau en bouteille ?

Parce que devant l'eau, minet râle !

DEVINE QUOI !

Ce livre est-il recyclable ?

Non... mais tu peux le prêter à tes ami(e)s !

LE SAVAIS-TU ?

L'emballage d'un téléphone portable est en moyenne vingt-cinq fois plus gros que le téléphone lui-même.

LE SAVAIS-TU ?

Brûler soi-même ses déchets (dans son jardin ou sa cheminée) émet jusqu'à mille fois plus de dioxine qu'un incinérateur.

À TOI DE JOUER !

Amuse-toi à peser ta poubelle : monte sur une balance la poubelle à la main, puis sans la poubelle. En faisant la différence, tu en connaîtras le poids. Ensuite compare-le à ton propre poids : en combien de jours ta poubelle est-elle aussi lourde que toi ?

LE MÉTAL

L'aluminium est très polluant à produire. Pour la cuisson, il peut tout à fait être remplacé par du papier sulfurisé.

Tu peux recycler boîtes de conserve lavées et canettes de soda, barquettes en aluminium propres, bidons de sirop… Mais jette les barquettes et toutes les boîtes de conserve sales ou contenant des restes dans la poubelle de produits non recyclables.

EVEREST
ÉTATS-UNIS
EUROPE

LA CISTUDE D'EUROPE CONTRE LA TORTUE DE FLORIDE

La cistude d'Europe, reconnaissable à ses points jaunes sur la tête et le cou.

Il existe très peu d'espèces de tortues en France métropolitaine : nous avons une tortue terrestre, la tortue d'Hermann, une autre très rare, l'émyde lépreuse, qui ne vit plus que dans un seul ruisseau près de la frontière espagnole, et enfin la cistude d'Europe.

La cistude vit en Brenne (dans le sud-ouest de la France), dans les Dombes et en Camargue. On l'appelle aussi « tortue bourbeuse » car elle apprécie de vivre dans un petit point d'eau d'une zone marécageuse quand elle est petite. En grandissant, elle choisira plutôt un étang, un cours d'eau lent, voire un lac.

Elle souffre, comme la loutre, de l'aménagement et de la pollution des cours d'eau. Mais aussi, elle a un nouvel ennemi que ses ancêtres n'ont pas connu : la tortue de Floride.

Ces tortues particulièrement voraces n'ont rien à faire dans la nature en France et sont aujourd'hui interdites à la vente. Achetées comme « animaux

La tortue de Floride, reconnaissable à ses taches rouges sur le tympan et ses lignes jaunes sur la tête et le cou.

de compagnie », elles sont fréquemment abandonnées dans la nature. En effet, elles ont souvent été vendues comme « tortues naines ». Quelle surprise quand, au bout de quelques années, ces tortues pèsent déjà 1,5 kg et mesurent 30 centimètres. Elles deviennent alors très encombrantes, d'autant plus qu'elles sont capables de croquer un doigt !

Une fois dans la nature, elles ne rencontreront pas de prédateurs et attaqueront sans limites les cistudes et leurs œufs, mais aussi des poissons en parfaite santé, des batraciens ou des canetons. Ces tortues vont même jusqu'à voler les nids des oiseaux qui nichent au bord de l'eau : certains grèbes huppés ont dû refaire leur nid cinq à six fois.

LE SAVAIS-TU ?

Les NAC (nouveaux animaux de compagnie) sont à la mode ! De nombreux animaux exotiques sont amenés de leur pays d'origine et vendus en France : mammifères, oiseaux, grenouilles, araignées, et même des serpents ! C'est une très mauvaise idée, car certaines de ces espèces peuvent devenir envahissantes, comme la tortue de Floride. Beaucoup sont porteuses de maladies, et demandent des soins compliqués pour pouvoir survivre chez nous. De plus, de nombreux animaux périssent entre la capture et la vente : sur 100 perroquets capturés, 30 seulement arriveront vivants en France !
Ne cède donc pas à la tentation de posséder un de ces animaux exotiques !

LE GRAND HAMSTER ET LES PESTICIDES

■ ■ ■

HALTE AUX EXCÈS DE L'AGRICULTURE !

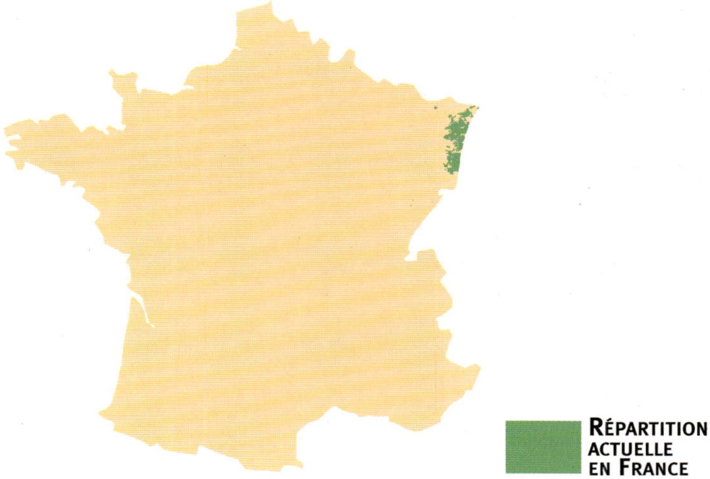

LE GRAND HAMSTER ET LES PESTICIDES

Non, le milieu naturel du hamster n'est pas la cage ! Le plus connu des hamsters est le hamster doré d'origine asiatique, petit et familier. Mais en France, en Alsace plus précisément, vit son cousin, le grand hamster d'Europe, un rebelle qui ne s'en laisse pas compter. Aussi gros qu'un cochon d'Inde (presque 30 centimètres de long pour 220 à 460 grammes), il n'hésite pas à se battre contre plus gros que lui si l'on s'approche de son territoire d'un peu trop près.

Ne te fie pas à son adorable frimousse : le grand hamster peut se révéler très querelleur, quitte à y perdre la vie sous les crocs d'un renard ou les serres d'un rapace. Avec son corps ramassé qui se termine par une petite queue velue, sa tête aux grosses joues surmontée de deux petites oreilles, ce joli rongeur tricolore (roux, blanc et noir) était autrefois appelé « marmotte de Strasbourg » ou « petit cochon des blés ».

Discret, il ne sort qu'à la tombée du jour pour se nourrir et préparer l'hiver. Prévoyant et astucieux, il creuse un terrier formé d'une chambre-nid et de plusieurs autres chambres reliées entre elles par un réseau de galeries : il y entreposera une réserve de nourriture dans laquelle il piochera au fur et à mesure de son hibernation.

LE SAVAIS-TU ?

Le nom de « hamster » vient de l'allemand *hamstern*, qui signifie « stocker, faire des provisions ». Il est vrai que le hamster aime stocker les aliments, qu'il transporte en les disposant de part et d'autre de sa bouche, dans deux petites poches internes, ses abajoues.

ATTENTION DANGER !

Considérés comme dangereux pour les récoltes au début du XXe siècle, les grands hamsters subirent une campagne de destruction acharnée. Pourtant, ils ne consomment que 8 à 10 kilos de nourriture par an ! Aujourd'hui, ils sont devenus tellement rares qu'ils sont protégés par la loi : en France, ils ne survivent plus que dans quelques communes d'Alsace.

Son ennemi : l'agriculture intensive

Les zones où vivent les hamsters se réduisent de plus en plus à cause de l'extension des villes et d'une agriculture intensive qui se pratique dans des champs de plus en plus grands. Pour faire pousser les plantes plus vite, cette agriculture moderne intensive utilise des engrais et des pesticides qui empoisonnent les petits animaux comme les hamsters.
Les cultures sont aussi de moins en moins diversifiées. Or le hamster aime la diversité : luzerne, blé, orge, froment, trèfle, betteraves, pommes de

DEVINE QUOI !

Comment appelle-t-on la femelle du hamster ?

L'Amsterdam !

terre… et à l'occasion insectes, grenouilles ou escargots. Où se nourrira-t-il alors s'il ne trouve plus que du maïs ? D'autant que cette culture appauvrit les sols et demande beaucoup d'eau. Or, les arrosages inondent les terriers des hamsters et causent la mort des petits.

Alors, si tu aperçois un jour l'un de ces grands hamsters, signale-le à la mairie de ta commune : ils sont tellement rares qu'il est important de pouvoir les localiser.

CE QUE TU PEUX FAIRE

MANGER BIO

Le bio (c'est le petit nom de l'agriculture biologique) est l'ami du grand hamster : il n'utilise aucun engrais de synthèse (qui n'est pas naturel) ni aucun traitement chimique.

LE SAVAIS-TU ?

Pour te nourrir, tu as besoin de protéines, que tu peux trouver dans la viande, le poisson, les œufs (protéines animales) mais aussi dans le blé, le maïs, le riz, les lentilles, le soja… (protéines végétales).
Mais produire une protéine animale nécessite sept à dix protéines végétales, sous forme de fourrage par exemple : il faut faire pousser beaucoup de plantes pour faire « pousser » une vache ! Pourquoi ne pas remplacer de temps en temps un repas de viande par des protéines végétales ? C'est aussi nourrissant, excellent pour la santé, et ça consommera moins de ressources sur la planète.

À TOI DE JOUER !

DEVIENS « DÉTECTIVE BIO » : amuse-toi à repérer les labels bio ci-dessous, et conseille à tes parents de les choisir en priorité.

La marque Agriculture Biologique française

Le logo Agriculture biologique européen

Le label de Nature et Progrès, des pionniers du bio

Un label pour l'agriculture bio-dynamique, une forme particulière de bio

Tous les produits chimiques de synthèse utilisés par l'agriculture intensive sont remplacés par des solutions naturelles. L'alimentation bio est meilleure, plus nourrissante, et aide une agriculture plus respectueuse de la nature, qui ne diffuse pas de substances toxiques dans le sol, l'eau, l'atmosphère... et chez nos amis hamsters !

■ Un bon truc pour ta famille : pour vous approvisionner en aliments bio à bon marché, abonnez-vous aux Jardins de Cocagne (www.reseaucocagne.asso.fr) : chaque semaine, vous pourrez retirer directement à la ferme ou chez un distributeur un panier de légumes et de fruits bio, frais et de saison, qui couvrent les besoins de la famille pour la semaine. Une façon très économique de manger bio !

■ Tu as sûrement entendu parler des OGM, ces organismes vivants dont les gènes ont été « trafiqués » pour changer leurs propriétés. Leur impact sur la nature et sur l'homme n'a pas été étudié, mieux vaut alors les éviter. Là aussi, préfère le bio, qui seul garantit l'absence d'OGM. Et quand tu choisis un paquet de biscuits, par exemple, vérifie bien sur l'étiquette qu'il ne contient pas de produit génétiquement modifié.

■ Avec le bio, les animaux sont élevés dans de bonnes conditions : élevage en plein air, nourriture saine... ce qui n'est malheureusement pas le cas de l'élevage intensif. En choisissant de la viande ou du lait bio, tu rendras service à tes amis les animaux !

LE SAVAIS-TU ?

La France est très en retard sur le bio : l'agriculture bio ne couvre que 1,7 % des surfaces agricoles existant en France, contre déjà 10 % en Italie.

LE SAVAIS-TU ?

Il existe de nombreux engrais naturels pour remplacer les engrais chimiques : le fumier, le compost, la poudre d'os, les cornes broyées, les cendres de bois, et le guano (de la fiente d'oiseaux !).

LE HANNETON COMMUN
Autrefois commun dans nos jardins, le hanneton était considéré comme très nuisible pour les cultures. Les traitements chimiques l'ont presque fait disparaître : il est aujourd'hui très rare selon les régions, et n'a plus de commun que le nom !

LE PLUS DU PANDA

Sur le tas de compost, tu peux mettre :
- **les déchets de cuisine (épluchures, restes de repas, coquilles d'œuf...) ;**
- **les herbes coupées (tonte de pelouse, mauvaises herbes...) ;**
- **le fumier ;**
- **la sciure et les copeaux de bois ;**
- **les cendres de la cheminée ;**
- **les feuilles mortes...**

Plus ton compost sera varié, meilleur il sera !

JARDINER BIO

Quel bonheur de jardiner ! Si ta famille a la chance d'avoir un jardin, voici quelques trucs pour aider tes parents ou tes grands-parents à en faire un véritable havre de paix et un lieu de vie pour les animaux et les plantes.

MISSION N° 1 : ZÉRO PRODUIT CHIMIQUE TOXIQUE !

Un bon jardin bio produit tout autant, sinon plus, qu'un jardin traité chimiquement.

Pour éviter les engrais chimiques, le compost, c'est royal ! Le compost se fabrique à partir de différents déchets qu'on empile sur un tas au fond du jardin. Petit à petit, les déchets se décomposent naturellement, et peuvent ensuite être utilisés dans le jardin pour fertiliser et renforcer le sol.

En compostant les déchets, ta famille peut alléger sa poubelle de 40 % ! Autant de moins qui ne finira pas à la décharge ou à l'incinérateur.

■ MISSION N° 2 : PROTÉGER LES ANIMAUX DU JARDIN

■ Les hérissons, les musaraignes, les oiseaux... sont amusants à observer. De plus, ils se régalent d'insectes, de cloportes ou de limaces qui viennent chaparder dans le jardin : pour favoriser leur venue, tu peux construire des refuges, installer des nichoirs, faire un tas de branchages dans un coin ou planter des haies avec tes parents.

■ La nature est bien faite : certains insectes, comme les coccinelles, limitent les pucerons, les chenilles, les acariens et autres calamités du jardin. Pas besoin de pesticides ! Pour aider ces insectes, tu peux planter des fleurs riches en pollen et en nectar, ou fabriquer de petits abris naturels.

■ Propose à tes parents de laisser un bout de votre gazon non tondu redevenir une prairie naturelle, qui pourra accueillir une flore et une faune bien plus riches.

À TOI DE JOUER !

L'hiver approche : tu peux aider les oiseaux du jardin en leur préparant une petite mangeoire, à l'abri des chats ! Les oiseaux apprécieront entre autres la graisse, les pommes de terre cuites et les graines de tournesol.

LE SAVAIS-TU ?

D'après Albert Einstein, sans abeilles pour butiner les fleurs, l'homme disparaîtrait en quatre ans, car les plantes et les arbres ne seraient plus fécondés.

À TOI DE JOUER !

Fabrique un piège à limaces : remplis un récipient plat de bière et recouvre-le d'une tuile ronde retournée : les limaces, attirées par la bière, viendront s'y noyer... et laisseront en paix les salades du jardin !

LE PLUS DU PANDA

LES OUBLIÉS DU JARDIN

Nos grands-parents cultivaient de bien mystérieux légumes dans leur jardin ! Saurais-tu les reconnaître ? Ces merveilles du potager aux noms rigolos ont presque disparu de nos marchés, mais on les trouve encore parfois, car ils reviennent à la mode.

Rutabaga

Topinambour

Panais

Potimarron

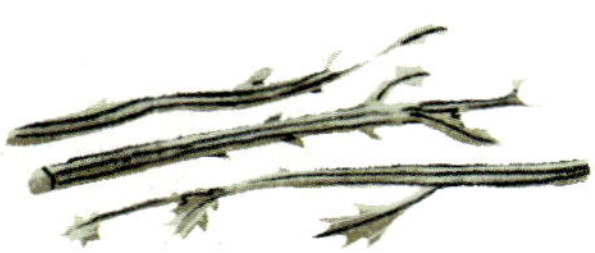

Cardon

Chinedérape

Crosne

■ MISSION N° 3 : CHOUCHOUTER SON JARDIN !

■ Mieux vaut prévenir que guérir ! Enlever à la main les mauvaises herbes, les larves et les œufs des ravageurs aidera à donner de belles cultures sans produits chimiques de synthèse.

■ Pour économiser l'eau :

■ en été, mieux vaut arroser le soir pour éviter que l'eau ne s'évapore vite ;

■ vérifie la météo avant d'arroser, car il peut toujours pleuvoir !

■ récupère l'eau de pluie en plaçant des récipients dans ton jardin ou balcon. Ce sera une excellente eau d'arrosage !

■ Pour lutter contre les mauvaises herbes ou les maladies du jardin, suggère à ta famille d'utiliser des traitements naturels qui ont fait leurs preuves : filets anti-insectes, pièges à limaces, eau bouillante pour désherber...

■ Même en ville, tu peux cultiver sur ton balcon ou ta terrasse des fleurs, des plantes aromatiques, voire des légumes et de petits arbres fruitiers !

LE FURET À PATTES NOIRES

Comme en France avec ce qui se passe pour le hamster, le développement de l'agriculture intensive en Amérique du Nord est dramatique pour les animaux, notamment pour le furet à pattes noires.

C'est dans la grande prairie d'Amérique du Nord, espace immense qui s'étend de l'ouest du Canada au Texas, que vivent le furet à pattes noires et sa proie principale, le chien de prairie (un rongeur ressemblant à une marmotte).
Aujourd'hui pourtant, à cause de l'agriculture intensive, leur habitat disparaît : la grande prairie est remplacée par des champs à perte de vue. De plus, chassés comme animaux nuisibles, touchés par les empoisonnements et la maladie, leur population a diminué de façon alarmante. À tel point qu'on pensait le furet à pattes noires définitivement disparu !
Mais en 1981, des scientifiques ont découvert une dernière colonie de 18 furets dans le Wyoming. Ils ont capturé et élevé plusieurs couples ; grâce à cela, aujourd'hui plus de 400 furets ont été relâchés dans les prairies de leurs ancêtres.
Le furet à pattes noires n'en reste pas moins le mammifère le plus menacé d'Amérique du Nord.

LE SAVAIS-TU ?

Le chef Seattle, un Indien d'Amérique du Nord, a fait une déclaration restée célèbre : « La terre n'appartient pas à l'homme, c'est l'homme qui appartient à la terre. » À méditer quand tu vois ce que les humains font subir à la planète !

LE GRAND DAUPHIN ET LES BATEAUX À MOTEUR

■ ■ ■

LA MER N'EST PAS UNE POUBELLE !

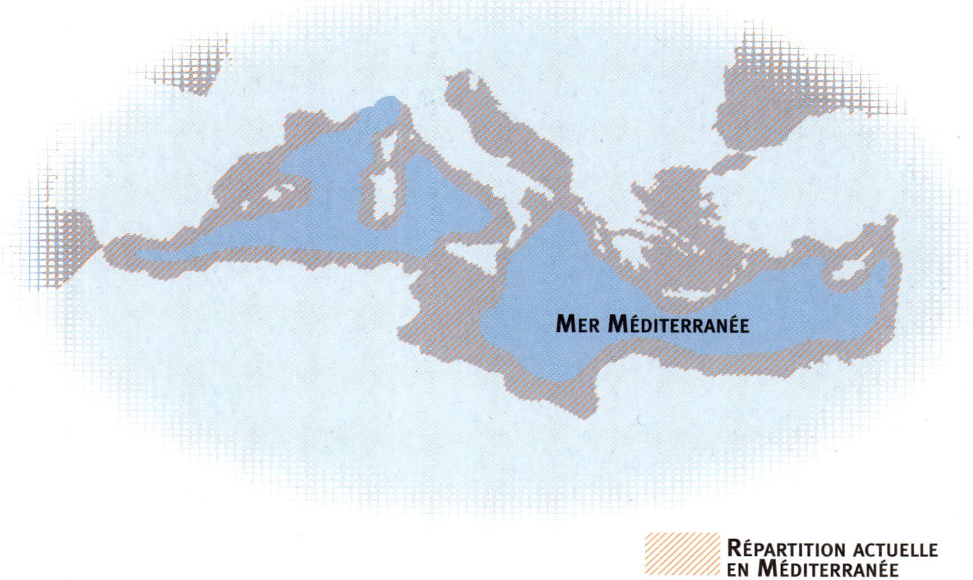

LE GRAND DAUPHIN ET LES BATEAUX À MOTEUR

Voilà une star ! Flipper, c'est lui ! Le grand dauphin ou dauphin souffleur est aussi celui que tu rencontres malheureusement dans les parcs aquatiques, car il supporte mieux la captivité que les autres espèces de dauphin.

Il est vrai que ce dauphin a tout pour plaire : sociable et intelligent, il semble sourire tout le temps. Capable de pointes de vitesse à 45 km/h et de sauts spectaculaires, cet acrobate hors pair ne doit pas son nom au hasard : alors que ses congénères méditerranéens comme le dauphin bleu et blanc et le dauphin commun (90 à 140 kilos) ne dépassent pas les 2,5 m, le grand dauphin peut mesurer jusqu'à 3,5 m, pour 200 à 300 kilos !

LE SAVAIS-TU ?

Le dauphin fait partie des très rares animaux à pouvoir se reconnaître dans un miroir ! Même s'il lui arrive quand même rarement d'en rencontrer...

À TOI DE JOUER !

Tu sais sans doute déjà que le dauphin n'est pas un poisson mais un mammifère marin, et plus précisément un cétacé. Mais comment distinguer au premier coup d'œil un cétacé d'un poisson ?
Tout simplement en regardant la queue de l'animal. Si elle est verticale, c'est un poisson (elle bat alors de gauche à droite et vice versa), et si elle est horizontale (elle bat de haut en bas), c'est un cétacé ! Raison de plus pour ne pas confondre requin et dauphin.

On dit aussi qu'il sauve les naufragés de la noyade ; sans doute grâce à la solidarité dont il fait preuve envers son groupe : si l'un d'entre eux est blessé par exemple, deux autres dauphins le soutiendront sous les ailerons de façon à l'aider à remonter pour respirer. Il peut aussi se transformer en véritable guerrier car il n'hésite pas à tuer les requins d'un coup de rostre (son museau), s'ils s'approchent trop près de son groupe.

Le dauphin fait partie de la grande famille des cétacés, comme les baleines (la baleine bleue, la baleine franche...). Tous les cétacés possèdent un évent, c'est-à-dire que leurs narines sont placées sur le sommet de leur tête. Sortir la tête de l'eau pour respirer leur est nécessaire, mais ce n'est pas un réflexe : il faut qu'ils y pensent. C'est pourquoi, quand ils dorment, les deux moitiés de leur cerveau se relaient afin que l'une après l'autre rappelle aux dauphins de remonter respirer à la surface.

La différence entre cétacés tient à leur nourriture. Les baleines se nourrissent de tout petits organismes vivants. Elles aspirent un grand volume d'eau de mer et pressent ensuite leur langue contre leur palais pour expulser l'eau à travers leurs fanons. Ces sortes de « brosses » remplacent les dents et agissent comme des filtres : le repas est servi !

Le dauphin, lui, se sert de ses dents, comme les orques, les bélugas, les cachalots. Il apprécie les poissons, les mollusques, les calamars,

les coquillages... Mais pour le grand dauphin, plus c'est simple, mieux c'est ! Il préfère donc ne pas aller les chercher trop loin, et ne pas pêcher trop profondément. C'est pourquoi il vit plutôt près des côtes.

ATTENTION DANGER !

Même si cette espèce n'est pas encore en danger au niveau mondial, certaines populations sont menacées localement. C'est le cas des grands dauphins en Méditerranée. On en compte aujourd'hui entre 400 et 500. Il était pourtant encore commun au début du XXe siècle, mais il est devenu de plus en plus rare, surtout dans les années cinquante. Les difficultés qu'il rencontre sont nombreuses, et elles révèlent combien la vie dans les océans devient compliquée pour les espèces qui y vivent.

LE SAVAIS-TU ?

La plus grande créature marine est la méduse géante de l'Arctique : elle peut dépasser les 35 m de long si l'on tient compte de ses tentacules, alors que la baleine bleue ne fait que 33,5 m !
Pourtant, le cœur de la baleine bleue est aussi grand qu'une voiture et sa langue a le même poids qu'un éléphant.

Le grand dauphin de Méditerranée, parce qu'il est proche de nous et qu'il nous fascine, est un peu le porte-parole des habitants des mers. Avec lui, ce sont toutes leurs difficultés qui s'expriment.

Son ennemi : la compétition inégale avec l'homme

Notre belle planète bleue est recouverte à 70 % par les océans et les mers, et nous avons trop longtemps cru que la mer nous nourrirait et accepterait tous nos déchets sans en souffrir. Or, aujourd'hui, elle est polluée et ses habitants disparaissent petit à petit.

LA PÊCHE

Les grands dauphins de Méditerranée ne sont pas directement menacés par les filets des pêcheurs ; ils sont assez malins pour ne pas s'y laisser prendre. Mais ils peuvent les attaquer : quelles proies faciles et tentantes que ces poissons déjà attrapés ! Et les pêcheurs peuvent vite s'énerver de voir leur travail ainsi détruit.

Mais sans doute le rapport entre les pêcheurs et les dauphins serait-il meilleur s'il y avait suffisamment de poissons pour tout le monde. 75 % des réserves mondiales de poisson sont déjà épuisées, trop exploitées ou vont l'être. L'homme pêche trop, sans distinction, et les poissons pêchés malgré leur petite taille n'ont pas eu le temps de grandir et de se reproduire. Les dauphins et les hommes se retrouvent donc de plus en plus souvent sur les mêmes terrains de chasse, là où il y a du poisson, ce qui peut créer des conflits.

LES BATEAUX

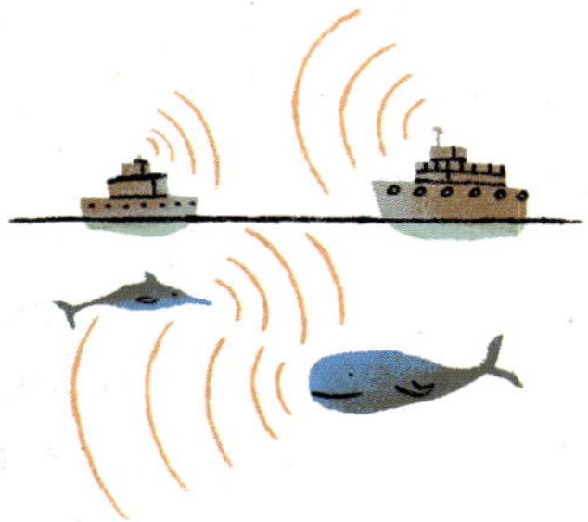

LE SAVAIS-TU ?

Les dauphins se repèrent par écholocation grâce à leur sonar, c'est-à-dire qu'ils émettent des sons et des ultrasons qui rebondissent sur les obstacles et sont renvoyés vers eux. Ils se construisent ainsi une bonne représentation de l'espace dans lequel ils évoluent en écoutant l'écho de ces sons.

Le trafic maritime génère un bruit constant sous l'eau, surtout en été. Toutes ces perturbations sonores empêchent les dauphins de percevoir correctement leur environnement – ce qui les met en danger – mais aussi de communiquer entre eux, ce qui perturbe gravement leur vie sociale. De plus, lorsqu'un dauphin est repéré, un, puis deux, puis trois, puis quatre bateaux peuvent venir autour de lui et le suivre. Ce harcèlement perturbe au plus haut point l'ensemble du groupe de dauphins, qui se trouve éclaté et désorganisé. Les plaisanciers et les bateaux de promenade se rapprochent de leurs lieux de vie, sans se préoccuper des conséquences de leur visite et sans connaître les moments où cela est particulièrement néfaste (périodes de reproduction et d'alimentation).

LES PÊCHEURS SÉNÉGALAIS

Les côtes du Sénégal sont naturellement riches en poissons. Malheureusement, des chalutiers industriels viennent de loin pour pêcher au large de ces côtes, souvent illégalement ; ce qui nuit aux pêcheurs sénégalais.

Tous les poissons pêchés par ces chalutiers industriels ne correspondent pas forcément à leur commerce ; jusqu'à 80 % de poissons sont rejetés... morts.

Le poisson local devient donc extrêmement rare et cher. Le thiof (mérou), par exemple, était à la base de la cuisine sénégalaise. Un seul de ces poissons coûte aujourd'hui le dixième du salaire moyen d'un Sénégalais.

Les pêcheurs sénégalais, poussés à la concurrence, se sont eux aussi mis à utiliser des méthodes de plus en plus agressives pour trouver du poisson (filets de plus en plus grands, pêche dans des zones peu profondes où les poissons se reproduisent). Pour que le poisson revienne, beaucoup se sont donc engagés aujourd'hui à ne pas attraper de poissons trop jeunes et à laisser un temps de repos aux espèces lors de leur période de reproduction, afin de leur permettre de se développer en paix.

LE SAVAIS-TU ?

Les pins de bord de mer sont aussi attaqués par les détergents. Les composants chimiques, transportés par les eaux du continent, se fixent dans l'écume des vagues, qui s'envole au moindre coup de vent : ils touchent alors les arbres proches, qui jaunissent et s'abîment.

De plus, les courses de bateaux mettent les dauphins en danger : à 250 km/h, il est difficile d'éviter un dauphin qui rase la surface de l'eau...

LA POLLUTION DES EAUX

Comme la tortue caouanne, le dauphin est donc menacé par les activités liées au tourisme, la pêche intensive, mais aussi la pollution : 75 % de la pollution des mers provient des eaux issues du continent. Comme la loutre, les dauphins souffrent de se trouver en haut de la chaîne alimentaire (voir « La loutre et les détergents »). Ils accumulent ainsi les contaminants, depuis l'algue en passant par le plancton et les petits poissons. Le grand dauphin, qui vit souvent près des côtes, où la pollution est particulièrement forte, est l'un des plus touchés. De plus, la pollution générale des eaux, qui résulte aussi de la présence de nombreux déchets flottants, intoxique les dauphins ainsi que l'ensemble du milieu marin (voir « La tortue caouanne et les parasols »).

CE QUE TU PEUX FAIRE

Ta mission : adopter des comportements respectueux de l'océan.

■ Chez toi, respecte les mêmes conseils que ceux donnés pour la loutre. En prenant soin de l'eau, tu protèges la loutre, et tu aides aussi le dauphin.

■ Lorsque tu es en bord de mer, attends de trouver une poubelle pour jeter tes déchets : la mer n'en est pas une. Les détritus mettent beaucoup de temps à se dégrader et représentent un danger pour de nombreux habitants des océans (voir « La tortue caouanne et les parasols »).

DEVINE QUOI !

Tu as deux poissons dans ton assiette. Tu en manges un. Que reste-t-il ?

Les arêtes !

■ EN BATEAU

Peut-être fais-tu un peu de bateau avec tes parents ? Si cela t'arrive un jour, voici exposées ci-dessous quelques recommandations.

■ Tu le sais déjà : la mer n'est pas une poubelle. Le mieux est donc d'embarquer le moins d'emballages possible pour éviter qu'ils ne passent par-dessus bord. Garde plutôt tes déchets dans un sac que tu videras en arrivant à terre.

■ Le bateau est un peu comme une maison sur l'eau ; il nécessite un entretien. De plus, les personnes qui y restent plus d'une journée s'y lavent ou cuisinent avec des produits qui se retrouvent souvent directement dans l'océan... Bonjour les dégâts ! Il est donc préférable de sélectionner avec attention les produits utilisés à bord et d'éviter les détergents (voir « La loutre et les détergents »).

■ Si tu as envie d'aller aux toilettes, attends si tu peux d'être à quai pour utiliser les installations portuaires. Sinon, attends de naviguer pour utiliser celles du bord. Il en est de même pour les douches et l'utilisation de l'évier.

■ Comme sur terre, évite de gaspiller l'eau douce. Quel que soit le lieu, il s'agit toujours de la même ressource précieuse.

■ Évite les activités particulièrement nuisibles à la vie marine, comme le bateau off-shore ou le scooter des mers par exemple. Ils polluent et perturbent la vie marine car ils vont très vite, font beaucoup de bruit, souvent trop près des côtes.

■ Dans les fonds marins vivent les herbiers de posidonie, particulièrement appréciés des poissons et des crustacés, qui s'y cachent pour s'y reproduire. C'est pourquoi il est important de les éviter lorsqu'il faut jeter l'ancre. Il vaut mieux par ailleurs la jeter le moins souvent possible, de préférence sur des bancs de sable nus ou, mieux encore, à un mouillage fixe.

■ Et si tu vois un dauphin, ou une baleine, observe-le de loin. Ne le harcèle pas ! S'il souhaite se rapprocher de toi, il saura te trouver.

VRRRROUMMM
VRRRRR
VRRRRROUM
VRRRoouM
VRRRRROUM
VRRRoooUM

■ EN PLONGÉE

■ Le monde marin est immense et pourtant si fragile. Si tu plonges pour découvrir ce « monde du silence » (c'est le titre d'un magnifique documentaire du commandant Cousteau), regarde sans le toucher, sans le perturber. Tu peux utiliser un appareil photo, mais ne poursuis pas les animaux.

■ Lorsque tu utilises des palmes, tu peux te déplacer beaucoup plus vite, mais il vaut mieux avancer doucement afin de ne pas endommager ou effrayer les habitants des mers.

■ Nourrir les poissons peut sembler amusant, mais c'est courir le risque de modifier leur comportement habituel vis-à-vis de leur environnement et de l'homme. Cela peut aussi, à terme, perturber l'écosystème dont ils font partie. Évite donc de le faire.

POUR LES PÊCHEURS AMATEURS

Pour laisser une chance aux poissons, aux crustacés et aux coquillages de se reproduire avant d'être pêchés, il existe des tailles minimales de capture. Tu peux les connaître en te renseignant auprès de l'office du tourisme de la ville, de la capitainerie du port ou des affaires maritimes.

Tu peux par exemple vérifier que le merlan et le griset ne mesurent pas moins de 23 centimètres de long, et la sole, 24 centimètres. C'est un tout petit peu plus grand que la longueur de ton livre. Le lieu jaune, quant à lui, ne doit pas mesurer moins de 30 centimètres, le cabillaud et le lieu noir, 35 centimètres, et le bar, 36 centimètres. C'est à peu près la taille de ton livre ouvert. Vérifie-le aussi chez ton poissonnier : les poissons en vente doivent avoir cette taille au minimum, et ce n'est pas encore suffisant pour qu'ils aient eu le temps de se reproduire.

LE SAVAIS-TU ?

L'élevage intensif de poissons (aquaculture) est responsable d'un véritable pillage des océans ! Pour produire 1 tonne de saumons d'élevage, 5 à 6 tonnes de poissons sauvages auront été pêchés et réduits en farines !
Ces poissons vivent dans des espaces réduits où ils se blessent souvent et se transmettent des maladies. Ils sont donc traités par de nombreux antibiotiques et autres traitements chimiques, que nous mangeons aussi par conséquent en fin de chaîne alimentaire.
Si tu peux avoir du poisson bio (ça existe), c'est mieux !

Pêcher pour s'amuser peut blesser ou tuer des poissons (et des coquillages) inutilement : pêche seulement si tu en as besoin et replace les pierres que tu pourrais avoir retournées.

Si tu pêches à la ligne, ne laisse pas traîner tes fils de pêche en Nylon et hameçons, surtout en bord de mer : ils mettent beaucoup de temps à se dégrader (600 ans !). De plus, si un animal marin l'avalait, cela pourrait le tuer.

UN BON TRUC : BIEN CHOISIR LE POISSON

Le poisson, c'est délicieux et excellent pour la santé. Mais pour qu'ils continuent à peupler notre planète, et à nourrir les dauphins aussi, tu peux prêter attention à tous ceux qui sont particulièrement en danger.

Certains poissons sont particulièrement menacés. Pourtant beaucoup de poissonneries continuent de les vendre en grande quantité : l'empereur, la légine, le merlu, l'espadon, le flétan, la sole... Évite de choisir ces espèces chez toi et au restaurant. Et pense surtout au cabillaud (aussi appelé « morue »), qui est un poisson en grand danger : trop pêché, il ne peut pas se reproduire assez vite pour renouveler ses populations. Sa chair est notamment souvent utilisée pour la confection des bâtonnets panés et ses œufs pour la fabrication du tarama.

Quantité de cabillauds pêchés entre 1970 et 2 000

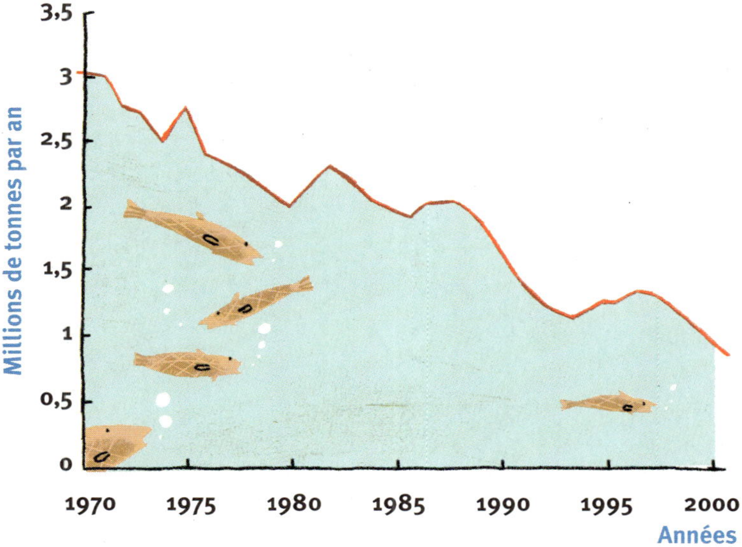

■ Mieux vaut aussi choisir des poissons provenant des côtes les plus proches, plutôt que de l'autre bout du monde car, dans ce dernier cas, cela encourage les bateaux à aller chercher leur poisson de plus en plus loin.

■ Préfère des poissons moins menacés comme le maquereau, la sardine, le hareng...

LES CÔTES BRETONNES ET LES PÉTROLIERS

Avec ses trois façades ouvertes sur la mer et ses côtes découpées de rochers, la Bretagne est au centre d'un trafic maritime intense et dangereux.

Il s'agit de la région française la plus touchée par les marées noires : le naufrage du pétrolier *Amoco Cadiz* en 1978 déversa plus de 200 000 tonnes de pétrole, qui souillèrent les côtes et polluèrent 200 000 hectares du domaine maritime. Imagine 200 000 terrains de football qui seraient recouverts de pétrole collant et puant !

En décembre 1999, l'*Erika* laissa s'échapper presque 20 000 tonnes de fuel. En 2 000, le *Ievoli Sun* relâcha 6 000 tonnes de produit chimique (le styrène) dont on ne sait pas bien encore qu'elles en seront les conséquences.

Les oiseaux marins paient un lourd tribut aux marées noires : nombreux sont ceux qui meurent intoxiqués ou étouffés dans le pétrole. Rien que lors du naufrage de l'*Erika*, ce sont plus de 60 000 oiseaux qui ont été trouvés sur les plages, souvent déjà morts. C'est sans compter tous ceux qui n'ont pas pu atteindre la côte.

Mais ces catastrophes en cachent une autre : chaque année, les transporteurs maritimes (bateaux de plaisance, ferries, pétroliers, porte-conteneurs...) provoquent dix fois plus de pollution que les marées noires !

Il peut s'agir de déballastages, quand un pétrolier relâche de l'eau de mer chargée des restes de sa cargaison, ou de dégazages, lorsqu'un bateau rejette ses huiles de vidange ou ses résidus de fuel dus au fonctionnement de son moteur. Ces procédures se réalisent normalement dans des installations portuaires contrôlées. Mais des capitaines peu scrupuleux n'hésitent pas à le faire en pleine mer. Alors que les marées noires sont dues à des accidents dramatiques, souvent liés au mauvais état de pétroliers mal contrôlés, les dégazages et les déballastages sont des actes volontaires.

AU SECOURS !

Il faut en moyenne dix ans pour que l'écosystème marin se remette du traumatisme d'une marée noire.

LE PLUS DU PANDA

Tu peux trouver un oiseau mazouté alors qu'il n'y a pas de marée noire. Cet oiseau a sûrement été victime d'un déballastage ou d'un dégazage. Porte-le au plus vite, dans une boîte en carton avec des trous, dans le centre de soins le plus proche (n'essaie pas de le nettoyer toi-même). Garde-le bien au chaud, car le pétrole fait perdre aux oiseaux leur isolation naturelle. Centres ornithologiques, vétérinaires... peuvent les accueillir. Tu peux te renseigner auprès de l'Union française des centres de sauvegarde de la faune sauvage (www.uncs.org).

Elle recense toutes les adresses qui te permettront de sauver les animaux sauvages en danger en France métropolitaine.

L'ORANG-OUTAN ET LES MEUBLES EN BOIS EXOTIQUE

■ ■ ■

QUAND LA FORÊT DEVIENT DÉSERT...

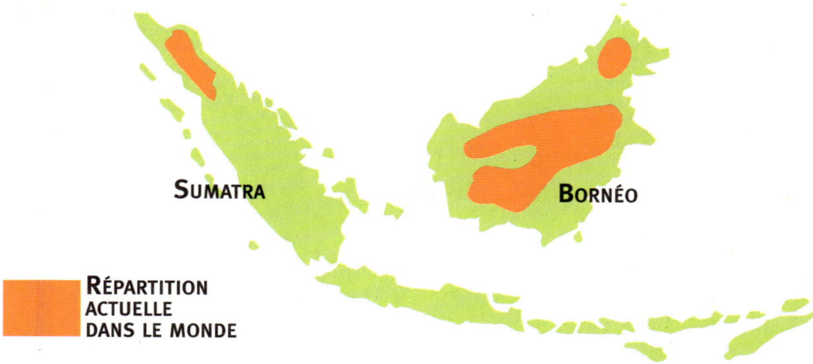

L'ORANG-OUTAN ET LES MEUBLES EN BOIS EXOTIQUE

Son nom signifie « homme des bois » en malais : autant dire qu'il nous ressemble ! Il vit uniquement dans les forêts des îles de Sumatra et de Bornéo, en Asie.

Il passe la majeure partie de son temps dans les arbres, où ses longs bras l'aident à s'accrocher aux branches et à attraper les fruits qu'il affectionne... et qu'il pèle comme nous !

L'orang-outan est très visible en pleine clairière, mais sa peau bleue et son pelage roux se fondent parfaitement dans le clair-obscur de la forêt. Alors qu'il est plutôt lourd et pataud avec ses longs bras et ses courtes pattes lorsqu'il est au sol, l'orang-outan devient léger et aérien lorsqu'il suit de branche en branche des chemins suspendus connus de lui seul.

Une mère passe des années à élever son petit et ne met au monde que quatre à cinq bébés au cours de ses quelques quarante années de vie. Elle prendra soin d'eux et les chouchoutera jusqu'à leur septième année.

■ LE SAVAIS-TU ? ■

À Bornéo, les orangs-outans sont considérés comme sacrés. Pour les Dayaks, un peuple indigène qui ne vit qu'à Bornéo, les orangs-outans sont l'esprit d'un dieu nommé Antu Gergasi. Les Dayaks, qui vivent au cœur de la forêt tropicale, sont l'une des dernières tribus de chasseurs-cueilleurs, qui tirent leur subsistance des fruits et des animaux qu'ils prélèvent dans la nature. Comme pour les orangs-outans, leur survie est aujourd'hui gravement menacée par la déforestation.

■ LE SAVAIS-TU ? ■

Les orangs-outans n'aiment pas l'eau ! Ils se cachent sous de grandes feuilles, comme des parapluies, jusqu'à ce que l'averse cesse. Et comme ils sont aussi de mauvais nageurs, ils vérifient soigneusement à l'aide d'un bâton qu'ils ont bien pied avant de traverser un cours d'eau.

Les vieux mâles dominants sont facilement reconnaissables à leurs grosses bajoues. L'orang-outan mâle aime vivre en solitaire, et lorsqu'il croise un autre congénère, il pousse un cri très impressionnant en secouant violemment les feuillages !

ATTENTION DANGER !

Son ennemi : la tronçonneuse

La déforestation (disparition de la forêt) menace gravement l'orang-outan, ainsi que les captures par les braconniers. Si rien n'est fait, l'orang-outan pourrait disparaître à l'état sauvage d'ici dix à vingt ans !

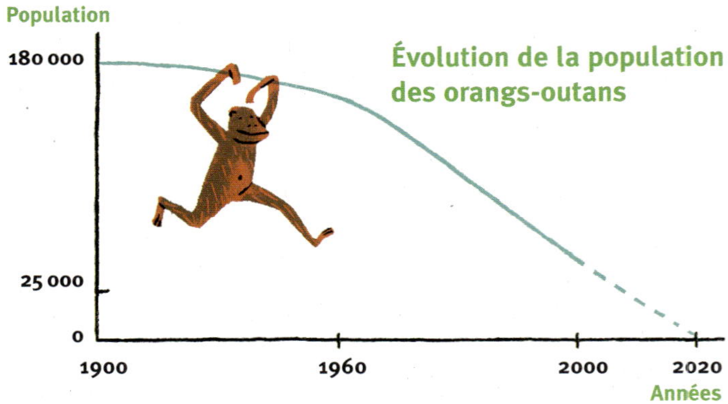

Les scientifiques pensent qu'il ne reste plus que de 25 000 à 30 000 orangs-outans à Bornéo et à Sumatra. On estime qu'ils étaient au moins 180 000 il y a un siècle ! Leur survie dépend beaucoup des fruits qu'ils trouvent dans les forêts de ces îles. Malheureusement, ces forêts disparaissent à toute allure.

Les forêts d'Asie du Sud-Est (où vivent les orangs-outans), d'Afrique (où vivent les autres grands

singes) et d'Amazonie sont considérées comme les trois « poumons verts » de la Terre. Ces grandes forêts sont appelées ainsi car elles produisent de l'oxygène qu'elles réabsorbent pour leur croissance. Ces arbres et ces plantes dégagent et stockent de l'humidité, ce qui joue un grand rôle dans l'équilibre des climats de la planète. En effet, cette grande masse de végétaux retient et diffuse les pluies au fur et à mesure.

Mais ce n'est pas leur seul rôle. Les forêts sont la source de nombreuses ressources naturelles, comme le bois de construction, les fibres pour le papier, les plantes médicinales... Grâce aux racines des arbres, elles stockent et épurent l'eau de manière naturelle tout en stabilisant le sol, ce qui empêche érosion, éboulements et inondations. Nombre d'animaux et de végétaux dépendent d'elles pour vivre, ainsi que de nombreux peuples, comme les Dayaks.

LE SAVAIS-TU ?

Les grands singes (bonobos, gorilles, chimpanzés, orangs-outans) et nous possédons 96 % de gènes en commun : c'est dire si nous nous ressemblons ! Le plus proche de nous est le chimpanzé, qui possède 99,4 % de gènes communs avec l'être humain !

AU SECOURS !

Toutes les deux secondes, l'équivalent de la surface d'un terrain de football de forêt tropicale disparaît de la surface de la Terre !

LE SAVAIS-TU ?

LES ARBRES DE CHEZ NOUS

Sauras-tu reconnaître les arbres à partir du dessin de leur feuille ?

châtaignier

robinier

chêne

mélèze

aulne

merisier

pin

CE QUE TU PEUX FAIRE

Partout dans le monde, les forêts tropicales, comme celle de Bornéo, sont coupées n'importe comment pour extraire du bois (et en faire des meubles, par exemple), ou détruites pour planter du café, du cacao, de l'huile de palme...

Ta mission : choisir des produits qui respectent la forêt.

Pour protéger ces forêts et les nombreux animaux comme les orangs-outans qui y vivent, tu peux faire attention en choisissant les produits qui viennent de la forêt.

■ Sous l'appellation « ébène », « teck » ou « acajou », on trouve en réalité des arbres d'espèces différentes. Les bois exotiques vendus sont parfois gravement menacés. Sauf s'il porte le label FSC, il faut éviter le bois de keruing, de meranti, de ramin, de moabi, de bete, de palissandre, de sapelli... Le nom de l'arbre d'où provient le bois est souvent affiché. Quand tes parents achètent un meuble en bois pour la maison ou le jardin, ou prévoient d'installer un parquet, demande-leur de vérifier que le bois porte le label FSC. Et toi aussi tu peux demander au vendeur d'où vient le bois et comment il s'appelle !

■ Le label FSC existe aussi pour près de 10 000 produits, tels que les meubles, le papier, le charbon de bois... Il y a même des crayons en bois FSC, choisis ceux-là pour écrire ou pour dessiner !

LE GRAND TÉTRAS

L'orang-outan n'est pas le seul à souffrir de la dégradation des forêts. En Europe aussi de nombreux animaux en pâtissent, c'est le cas notamment du grand tétras.

Cet oiseau terrestre très rare est l'un des plus gros représentants de la famille des gallinacés (celle des poules). On les appelle d'ailleurs aussi « coqs de bruyère ».

Grâce à ses pattes larges, robustes et emplumées, il se déplace facilement dans la neige des montagnes où il vit (Alpes, Pyrénées, Scandinavie, pays de l'Est...).

Malgré sa taille, c'est un animal très discret et difficile à observer, même pour des scientifiques passionnés. Ils ne peuvent le voir qu' à la saison des amours, pendant laquelle les coqs viennent parader devant les femelles dans des clairières que l'on nomme « places de chant ».

La diversité des forêts est donc particulièrement importante pour le grand tétras ; parce qu'il a besoin d'une nourriture variée (feuilles, fleurs, pousses, baies, petits insectes pendant la belle saison, et aiguilles de conifères, écorces et rameaux l'hiver), mais aussi parce que ce grand timide a besoin de trouver des zones de tranquillité pour se reposer et se reproduire.

Dans les Vosges, où se trouve la majorité des grands tétras français, on comptait 250 coqs en 1975. Il n'en reste aujourd'hui que 100 à 150. La disparition de son habitat est la première source de ses problèmes, mais aussi les interventions humaines (surtout en période de reproduction) comme la chasse illégale, les pistes touristiques, les travaux forestiers...

Alors, si tu t'approches de son territoire, ne fais pas de bruit, et tu auras peut-être la chance d'entendre son chant mystérieux.

Le label FSC (Forest Stewardship Council : Conseil de gestion de la forêt) garantit que les forêts sont exploitées dans le respect de leur richesse naturelle et de la façon d'y vivre des peuples qui en dépendent. Si tu achètes du bois ou du papier qui porte le label FSC, tu es certain d'éviter la déforestation.

LE PLUS DU PANDA

Pour Noël, si tu as un balcon ou un petit jardin, renseigne-toi et choisis plutôt une variété de sapin qui grandira peu : tu pourras ainsi le conserver en pot et le réutiliser tous les ans ! Tes parents apprécieront de ne pas se déplacer chaque année pour un sapin encombrant dont il faudra se débarrasser, et vous préserverez la vie d'un arbre.

■ Pour ne pas aggraver le réchauffement climatique en multipliant les transports (voir « L'ours polaire et les voitures »), tu peux aussi choisir du bois de ta région : le châtaignier, le robinier, le chêne, le mélèze, l'aulne, ou encore le pin sylvestre, aussi bien dans la maison que dehors. Le bois du châtaignier, par exemple, est très résistant : la preuve, à la campagne, on en faisait des piquets ! Et en France aussi, il existe des forêts certifiées FSC !

■ Quand un meuble est abîmé, tu peux le réparer avec ton papa ou ta maman, ou récupérer le bois pour en faire un autre objet : ainsi, il n'y aura pas besoin de couper de nouveaux arbres.

■ Tu as envie de chocolat ? Choisis du chocolat « commerce équitable », comme par exemple le chocolat portant le label Max Havelaar. Le commerce équitable garantit de bonnes conditions aux producteurs et favorise la protection de l'environnement. En effet, le cacaotier et le caféier sont plantés sous les grands arbres de la forêt tropicale afin d'en recevoir l'ombre protectrice et d'éviter les rayons du soleil. Lorsqu'une plantation de ce type est gérée correctement, elle ne nuit pas à l'environnement.

MAX HAVELAAR Garanti Commerce Équitable

Le label Max Havelaar
Il existe de nombreux produits Max Havelaar, comme le chocolat, le café, le thé… et même les bananes !

■ Pour protéger les forêts tropicales, tu peux aussi parrainer un arbre ! En Amazonie, par exemple, l'association Anda aide les populations locales à acheter des terres et à replanter la forêt. Tu peux participer toi aussi à ce programme, en te faisant offrir un « certificat d'adoption d'arbres » : tu verras l'arbre que tu as adopté et même la position exacte où il a été planté !

Certificat d'adoption d'arbres en Amazonie

UN ARBRE

Par cet acte, vous contribuez directement à la sauvegarde de la forêt amazonienne et des indiens qui l'habitent. Votre contribution permettra la restauration de terrains dégradés, et la mise en place de projets assurant un revenu aux populations locales, dans le respect de leur environnement et de leurs modes de vie.

Ce certificat est attribué à : ....

Date : ....

Position GPS : S 02°30.365 W 054°52.888

Jérémie DERAVIN
Commercequitable.com

Jean-Pierre SCHWARZ
Anda Reflorestamento

Tu peux ainsi lutter pour la protection des singes d'Amazonie, aussi menacés que l'orang-outan à Bornéo (le singe hurleur, le capucin, le ouistiti…).

Pour plus d'informations, consulte le site Internet du WWF : www.wwf.fr

■ LE SAVAIS-TU ? ■

À Bornéo et à Sumatra pousse la plus grande fleur du monde, la rafflesia, qui peut atteindre jusqu'à 1 mètre de diamètre. On l'appelle aussi « lys parasite nauséabond », car elle sent vraiment très mauvais ! Découvrir une fleur intacte en forêt relève de l'exploit, car elle fane en moins de cinq jours. Et cette découverte risque de devenir de plus en plus hasardeuse car cette plante, déjà rare, est menacée par la déforestation.

LE PLUS DU PANDA

Pas la peine de dérouler tout le rouleau de papier hygiénique : il a aussi fallu des arbres pour le fabriquer. Il en existe du recyclé, aussi doux que le papier classique, pour un prix équivalent.
Parles-en à tes parents.

AU SECOURS !

Dans une entreprise, chaque personne consomme chaque année environ 75 kilos de papier, soit l'équivalent du volume de deux arbres !

LE SAVAIS-TU ?

La fabrication de papier recyclé, qui utilise des déchets de papier et de carton, nécessite environ vingt fois moins d'arbres, cent fois moins d'eau et trois fois moins d'énergie que pour la fabrication du papier blanc.

UN BON TRUC : LE PAPIER

Nous consommons de plus en plus de papier : à la maison, pour le travail, à l'école, pour la publicité... Or presque la moitié des arbres coupés actuellement sont déjà utilisés pour le papier.

- Pour tes cahiers, tes feuilles de papier, tes boîtes, tes classeurs... demande plutôt du papier et du carton recyclés, ou labellisés FSC.

- Le dos des feuilles déjà utilisées, que tu comptais chiffonner et jeter à la poubelle, peuvent encore servir ! Tu peux les utiliser comme feuilles de brouillon ou feuilles de dessin. Cela évitera d'en utiliser des neuves.

- Évite les feuilles de couleur (leur production est plus polluante) et préfère les papiers les plus légers, qui utilisent donc moins de bois.

- Écris sur les deux faces d'une feuille, et non une page sur deux.

■ Utiliser Internet plutôt que des annuaires téléphoniques permet de réduire les déchets papier. De plus, c'est plus pratique et plus complet (photos, plans...). Et c'est beaucoup d'arbres épargnés !

■ Dans ta boîte aux lettres sont distribués près de 40 kilos de prospectus publicitaires par an, soit l'équivalent d'un arbre entier ! Pour limiter ce gâchis, poses-y l'autocollant « Pas de pub, merci ! » (à découper dans ton livre).

■ Pour ne plus recevoir de publicité par la poste, tu peux aussi suggérer à tes parents de s'inscrire sur la liste Robinson – Stop Publicité, ce qui vous rayera du fichier des entreprises de vente à distance.
Pour cela, il suffit de le demander à cette adresse :
Liste Robinson – Stop Publicité
UFMD
60, rue de La Boétie
75008 Paris

LE PLUS DU PANDA

Un arbre est un être vivant. En gravant dans son écorce ou en cassant l'une de ses branches, tu l'abîmes, un peu comme une écorchure, et tu laisses la porte ouverte à des parasites.

LA FORÊT PRÈS DE CHEZ NOUS

Les forêts de nos pays perdent leur diversité biologique : les animaux et les plantes qu'on y trouve sont de moins en moins variés.

Même dans des régions où devraient pousser des chênes, des hêtres... on plante souvent des résineux (pins, sapins...), parce qu'ils sont plus rapides à pousser. Pour faciliter l'entretien, les arbres morts, qui servent pourtant d'abris à de nombreuses espèces, sont supprimés. Et les arbres sont plantés comme des choux dans un jardin potager, alignés comme des militaires au garde-à-vous. C'est particulièrement visible par exemple dans le Morvan ou en Aquitaine.

Dans les forêts françaises actuelles, seules quelques espèces d'arbres dominent, et de nombreuses espèces animales et végétales y sont menacées. Pourtant beaucoup d'entre elles conservent une richesse qu'il nous faut préserver : forêts méditerranéennes, de montagne, de plaine et tropicales (Guyane) accueillent une grande diversité de flore et de faune.

À TOI DE JOUER !

Que dirais-tu d'écouter le cœur d'un arbre ? En te concentrant un peu, tu pourras entendre la sève qui coule dans son tronc : pour cela, mets ta main en entonnoir contre l'arbre et écoute ! Tu peux aussi écouter à l'aide d'un entonnoir en papier que tu te seras fabriqué.

Ce sera plus facile si tu le fais en début de printemps, quand la montée de sève est la plus forte. Choisis un feuillu plutôt qu'un résineux, et un arbre à l'écorce assez fine. Il te faudra sans doute t'y prendre à plusieurs fois, et ne pas faire de bruit du tout, mais ça en vaut la peine.

LE SAVAIS-TU ?

Un seul arbre de nos forêts peut abriter 100 espèces d'animaux, sans compter les champignons, les mousses...

LE PLUS DU PANDA

Les incendies de forêt appauvrissent considérablement la forêt, qui met de nombreuses années à se reconstituer. Rien que dans le bassin méditerranéen, ce sont 500 000 hectares de forêt en moyenne qui partent en fumée chaque année. Ne laisse donc pas traîner d'éléments qui pourraient déclencher un feu : verre (qui ferait loupe), allumettes... N'essaie pas non plus d'en faire un par toi-même. Et si tu constates un départ de feu, préviens vite les pompiers.

LA TORTUE CAOUANNE ET LES PARASOLS

■ ■ ■

DES VACANCES POUR LA PLANÈTE !

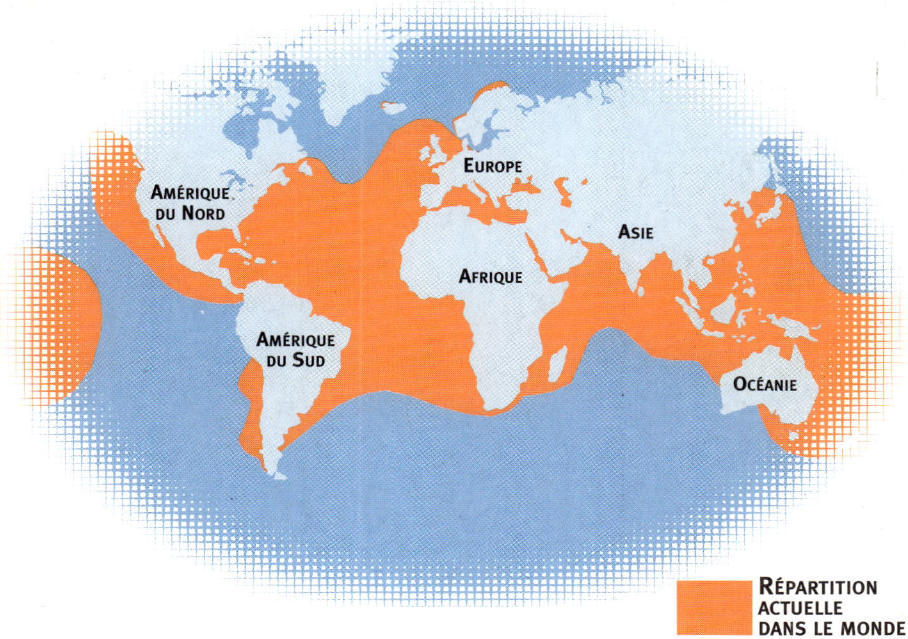

LA TORTUE CAOUANNE ET LES PARASOLS

Il existe sept espèces de tortues marines, dont six sont en grand danger. Cinq fréquentent les côtes européennes, mais aucune ne s'est aventurée sur les plages de France métropolitaine... jusqu'à maintenant ! L'une d'entre elles, la tortue caouanne (ou tortue caret), commence à s'intéresser de près aux plages corses. On aurait même trouvé des traces de nids !

Cette tortue est l'une des plus grandes qui existent : un adulte mesure presque 1 mètre de long pour environ 115 kilos. Dans l'eau, elle est pourtant étonnamment légère et gracieuse. Elle se distingue des autres tortues par sa carapace de couleur rousse et sa grosse tête aux puissantes mâchoires, qui lui permettent de croquer crabes, mollusques, éponges, méduses et plantes aquatiques.

LE SAVAIS-TU ?

Si les tortues marines se montrent timides en France métropolitaine, ce n'est pas le cas sur les plages d'outre-mer : la Guyane, par exemple, est l'une de leurs destinations favorites ! Le WWF y est présent afin d'assurer leur protection et encourager une cohabitation harmonieuse avec les touristes.

Les tortues caouannes tiennent une place importante dans l'écosystème marin : prédatrices et proies à la fois, elles portent aussi sur leur carapace jusqu'à 100 espèces différentes de plantes et de petits animaux. Sans elles, ils ne trouveraient pas de lieu où vivre.

ATTENTION DANGER !

Son ennemi : le développement des activités humaines

LE SAVAIS-TU ?

Les tortues marines sont des animaux encore mystérieux : elles peuvent parcourir des dizaines de milliers de kilomètres, mais on ne sait pas encore très bien quels sont leurs trajets, ni comment elles suivent leurs itinéraires. On ne sait pas non plus comment et pourquoi elles reviennent toujours sur la plage où elles sont nées pour pondre leurs œufs.

Les menaces qui pèsent sur la tortue caouanne sont les mêmes que celles qui concernent le grand dauphin (voir « Le grand dauphin et les bateaux à moteur »). Elle rencontre notamment de graves problèmes avec la pêche non sélective, c'est-à-dire sans distinction des espèces qui sont prises. Le plus souvent, les pêcheurs choisissent leurs filets, leurs appâts et leurs techniques de pêche en fonction du poisson qu'ils souhaitent attraper. Mais certains ne s'en préoccupent pas du tout ! Quitte à rejeter les poissons qui ne leur plaisent pas... morts. C'est bien souvent ce qui arrive aux tortues caouannes qui sont prises.

Mais elle rencontre aussi un ennemi très moderne sur les plages de la côte méditerranéenne : le tourisme de masse.

La tortue caouanne apprécie notamment les côtes grecques, et plus particulièrement l'île de Zakynthos. Ce site, classé comme parc national

marin, a accueilli jusqu'à 1 100 nids. Mais ces plages ont été ouvertes au tourisme !
Or c'est entre fin mai et fin juillet – en pleine saison touristique donc – que les femelles caouannes viennent y pondre. La fréquentation des plages, l'agitation des bars, les lumières en bord de mer... dissuadent les tortues d'aborder ces rivages.

Elles viennent souvent la nuit, évitant ainsi les rencontres. Elles remontent alors sur la plage, creusent un nid et y pondent une centaine d'œufs, qu'elles recouvrent, puis repartent en mer. Les petites tortues, grosses de quelques grammes et de quelques centimètres, commenceront à éclore à partir d'août, au moment où

LE SAVAIS-TU ?

On parle de tourisme de masse quand un grand nombre de personnes vient visiter le même lieu en même temps.

LE SAVAIS-TU ?

La tortue verte, une cousine de la tortue caouanne, peut peser jusqu'à 320 kilos, soit le poids de deux poneys shetlands !

■ LE SAVAIS-TU ? ■

Petit mâle ou petite femelle ? Le sexe des bébés tortues, comme pour les autres reptiles, dépend de la température à laquelle les œufs sont exposés.
Plus les œufs sont enterrés profondément, moins la chaleur du soleil les touche : si les œufs sont au chaud, ce sont des femelles qui naissent ; les mâles eux naissent dans les plus froides profondeurs.

■ LE SAVAIS-TU ? ■

Il faut une seconde pour produire un sac plastique, il servira vingt minutes et mettra... de 100 à 400 années à se décomposer !

le tourisme est le plus fort. Les nids peuvent donc être endommagés par les parasols de plage et le piétinement des vacanciers. Les petites tortues peuvent aussi être déviées de leur trajectoire vers la mer à leur sortie du sable (lumières, interventions humaines...). Elles ont pourtant déjà assez de problèmes avec les crabes, les chiens errants, les oiseaux... puis les poissons : tous seront ravis de les manger !

Puis les jeunes tortues seront menacées en haute mer lors de leurs longues migrations par des filets dérivants, des hameçons de pêche, la pollution... Peu de tortues caouannes reviendront sur la plage où elles sont nées.

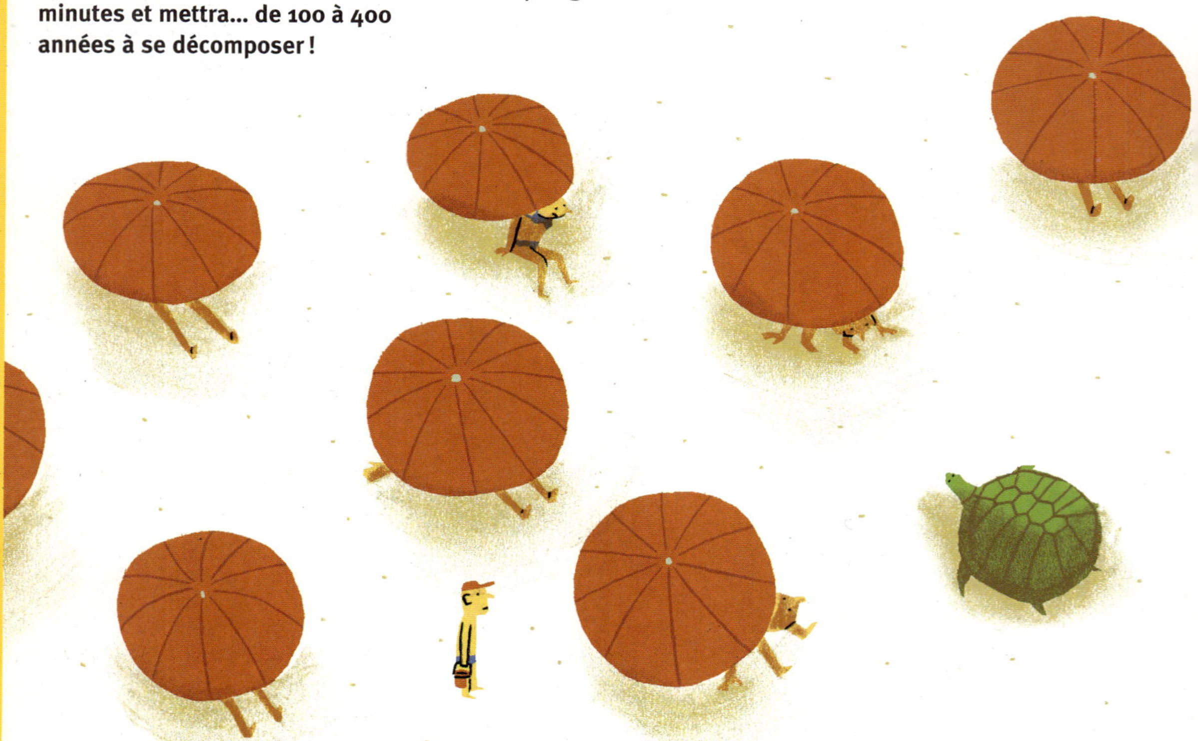

Le tourisme a déjà de lourdes conséquences : nous sommes à peu près sept cents millions de personnes à parcourir le monde aujourd'hui, et nous serons plus du double dans vingt ans ! Où les tortues iront-elles pondre alors ?
Pour que les tortues retrouvent une place sur les plages, il est bon de faire connaître une autre forme de tourisme, le « tourisme durable », où l'on prend son temps et où on prête une grande attention à la nature et aux conséquences de notre passage.

CE QUE TU PEUX FAIRE

Ta mission : avoir la planète attitude de la même façon partout dans le monde.

Les écosystèmes, les animaux, les hommes, déstabilisés par le tourisme de masse, ont besoin du respect des vacanciers pour continuer à exister. Que tu sois en vacances ou en promenade, que ce soit à la campagne, à la mer, à l'étranger, en France, la planète attitude est valable partout !

■ LES DÉCHETS

■ Si tu détectes une pollution (décharges sauvages, nappes de pétrole...), n'hésite pas à la signaler auprès de la mairie du lieu ou à la capitainerie du port, par exemple.

■ Aller dans un lieu magnifique, c'est merveilleux... sauf quand on y trouve des détritus : ça

■ LE SAVAI

Des stations balnéaires et des ports de plaisance affichent le Pavillon bleu. Cet écolabel (label lié à l'écologie) signifie que cette ville fait des efforts pour que le tourisme ne pollue pas trop. Elle s'occupe avec plus d'attention du traitement des eaux usées, des déchets...

Il ne s'agit pas du drapeau des requins pirates, mais du Pavillon noir décerné aux sites nautiques pollués par une association nommée la Surfrider Foundation.

■ LE SAVAIS-TU ? ■

Après l'Irlande, l'Afrique du Sud et Taïwan, la Corse a décidé de bannir les sacs en plastique des magasins !

■ LE SAVAIS-TU ? ■

Avec 18 milliards de sacs en plastique distribués chaque année en France, nous détenons un triste record : 570 sacs en plastique distribués à la seconde !

LE SAVAIS-TU ?

Temps de dégradation dans la nature pour chaque objet

Journal : 3 à 12 mois

Mégot de cigarette : 1 à 5 ans

Chewing-gum : 5 ans

Peau de fruit : 3 mois à 2 ans

Canette : 100 à 500 ans

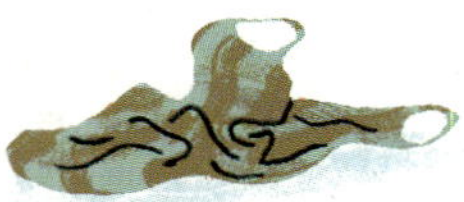

Sac ou gobelet en plastique : 100 à 1 000 ans

Polystyrène expansé (barquettes alimentaires par exemple) : 1 000 ans

Carte téléphonique : 1 000 ans

Verre : 4 000 ans

casse l'ambiance ! Évite d'emporter des objets qui sont emballés, ça fera moins de déchets ! Pour tes papiers, tes canettes, les petits restes, n'oublie pas d'emporter un sac pour les mettre dedans en attendant de trouver une poubelle.

■ Tu peux aussi ramasser quelques détritus laissés par des promeneurs peu attentionnés (en faisant attention à ne pas te blesser), pour les porter jusqu'à la poubelle adéquate.

■ En bord de mer, les sacs en plastique sont particulièrement dangereux : lorsque tu en vois, n'hésite pas à les ramasser pour les jeter dans une poubelle, car les tortues marines peuvent les prendre pour des méduses, dont elles se nourrissent habituellement. Mais en avalant un sac, elles s'étouffent !

■ Les sacs en plastique jetables sont aussi une pollution et mettent des centaines d'années à se dégrader. Ils sont très polluants à produire puisque le plastique est fait de pétrole. Il existe d'autres solutions pour faire ses courses : cabas, paniers, filets, chariots, sacs à dos et sacs réutilisables proposés par certains magasins... Penses-y !

■ Respecte partout la planète attitude, même lorsque d'autres personnes t'encouragent à ne pas le faire : ne jette pas tes déchets par terre ou dans une décharge sauvage, ne dérange pas la faune et la flore...

LES MASSAÏS ET LE TOURISME

Éleveurs de bétail de l'Afrique de l'Est, les Massaïs sont très fiers de leurs guerriers. Pour eux, la beauté possède une valeur particulièrement importante : les hommes et les femmes se doivent donc d'être beaux par leurs atours et leur corps mince. Cela leur vaut d'être devenus une « attraction » : il arrive que des touristes viennent les photographier, comme des animaux dans un safari.

Comme pour de nombreux groupes ethniques, le mode de vie massaï est menacé par un tourisme qui modifie et met en danger leur façon de vivre. Certains ont ainsi été déplacés de leur territoire d'origine pour faire place aux complexes hôteliers, sans qu'on se préoccupe de l'abandon de sites sacrés pour eux.

LE SAVAIS-TU ?

La Camargue recèle bien des trésors (voir « Le gorille et les téléphones portables »). L'un d'entre eux est le marais du Vigueirat.
Sur ce vaste marais, l'un des plus beaux d'Europe, les oies sauvages, les cigognes, ainsi que des milliers d'autres oiseaux viennent fonder et élever leur famille en toute tranquillité. Sans oublier les stars locales : les flamants roses, les chevaux et les taureaux camarguais.
Ce spectacle magnifique attire de nombreux touristes. Mais ici, tout a été pensé afin que leur impact sur cette nature exceptionnelle soit le plus petit possible : idées pour respecter la nature au quotidien, explications pour comprendre la vie du marais... Les structures d'accueil des touristes sont conçues pour notamment polluer le moins possible, économiser l'eau et l'énergie, recycler les déchets.

EN PROMENADE, EN RANDONNÉE

Tu n'es pas forcé d'aller à l'autre bout du monde pour découvrir des merveilles. En Europe, tu peux faire des découvertes extraordinaires en visitant les paysages qui t'entourent : l'impact du déplacement sera moins important (voir « L'ours polaire et les voitures ») et tu passeras moins de temps dans les transports.

En règle générale, respecte les lieux encore sauvages, même si tu te sens une âme d'aventurier. Ces endroits sont de plus en plus précieux, gardons-les intacts ! Pour cela, ne fais pas de feu, respecte la tranquillité du lieu et de ses habitants et n'empiète pas sur les territoires préservés. Par exemple, ne rentre pas dans des espaces clos par une barrière ou une chaîne (forêts, chemins...).

■ En marchant bien sur les chemins balisés, tu éviteras d'abîmer la flore fragile et de déranger les petits et les grands animaux.

■ Ton chien aime gambader dans les fourrés et dénicher quelques lapins ? Dans ce cas, garde-le plutôt en laisse, car il peut perturber tous les animaux du lieu.

■ Les bruits forts et les mouvements brusques effraient les animaux de la forêt. Lorsque tu t'amuses, ne l'oublie pas !

LE PLUS DU PANDA

Les canons à neige utilisent une grande quantité d'énergie et d'eau, ainsi que des produits toxiques pollueurs. Pour skier, il vaut mieux préférer les pistes enneigées naturellement. C'est en altitude que tu as le plus de chance d'en trouver. Et évite le ski hors-piste, car il met en danger ta sécurité mais aussi, celle des animaux de la montagne, et la vie des plantes que tu abîmeras au passage.
Et jette bien ton sac poubelle dans un endroit adéquat pour éviter toute mauvaise surprise au printemps à ceux qui le trouveront sur leur chemin.

Un animal est passé par là… sais-tu le reconnaître à sa trace ?

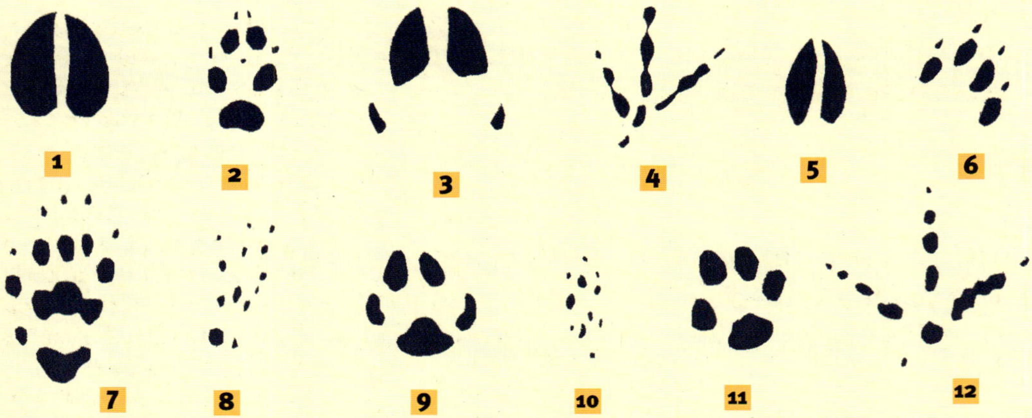

1 Cerf — 2 Renard — 3 Sanglier — 4 Faisan — 5 Chevreuil — 6 Lièvre
7 Blaireau — 8 Écureuil — 9 Lynx — 10 Putois — 11 Chat sauvage — 12 Tétras

À ski, en raquettes, à pied, à vélo, à cheval… Parfois le moyen de transport emprunté peut changer ta perception des lieux. Pourtant, la nature est toujours la même ; respecte-la de la même façon. Par exemple, lorsque tu roules à VTT, évite les petits chemins pour ne pas dégrader le sentier lui-même et son environnement proche : les fourrés sont aussi un lieu d'habitation et de nourriture pour de nombreux animaux. Ils renferment aussi des plantes précieuses pour l'ensemble de l'écosystème de la forêt.

LE PLUS DU PANDA

Il existe de nombreuses formules de bénévolat, dans des endroits où tu pourras participer à une meilleure vie pour les hommes, les animaux, la nature. Certaines sont adaptées à ton âge. Renseigne-toi !

L'ÉNERGIE

Lorsque tu dois emporter des instruments tels qu'une lampe torche, une radio, un chargeur de portable, préfère-les solaires ou à dynamo, tu éviteras ainsi d'utiliser des piles ou du courant.

En vacances, on oublie parfois que la consommation d'électricité a toujours un impact sur la planète, où que l'on soit : avant de quitter ta chambre d'hôtel, n'oublie pas d'éteindre les lumières et la télévision, par exemple.

L'EAU

Dans de nombreux pays, l'eau potable est un bien commun très précieux. Prête bien attention à ta consommation d'eau (lorsque tu prends ta douche, par exemple). Un Bédouin (nomade du désert) consomme en un an ce qu'un Français consomme en un mois. Et, pour la contenir, prends plutôt une gourde ou une bouteille réutilisable.

Lorsque tu pars en voyage à l'étranger ou si tu campes, demande à tes parents de prendre des produits d'hygiène naturels (voir « La loutre et les détergents »), car il n'y a pas forcément de quoi traiter les eaux là où tu vas.

LE SAVAIS-TU ?

Actuellement, 5 611 plantes sont menacées d'extinction dans le monde. En France aussi : des fleurs comme le lys martagon, le trolle, la jacinthe sont en danger. Une fleur dans un vase, c'est joli, mais elle mourra en quelques jours. Mieux vaut prendre une belle photo pour garder un souvenir et la laisser vivre. Si tu cueilles une plante ou un champignon, veille à épargner les racines ou à laisser quelques fleurs. Tu leur laisseras ainsi la possibilité de se reproduire ou de repousser. C'est d'autant plus important lorsque tu ne connais pas bien la plante que tu rencontres : elle est peut-être protégée.
Des structures existent pour te renseigner : associations locales naturalistes, réserves naturelles, parcs nationaux ou régionaux, ou DIREN (directions régionales de l'environnement). N'hésite pas à les contacter !

UN BON TRUC : LES SOUVENIRS

Le tourisme n'est pas toujours négatif. Il représente aussi des emplois, des revenus, des échanges pour tous ceux qui y participent : commerçants, artisans, guides, restaurateurs...

L'argent des touristes, lorsqu'il va aux populations locales, permettra à ces dernières de vivre de manière décente. Lorsque les touristes respectent aussi la culture des personnes et les ressources de la nature qu'ils rencontrent, on peut alors parler de tourisme « équitable ».

Cependant, tous les souvenirs ne sont pas bons à ramener : la tortue caouanne est aussi menacée par le commerce de certaines parties de son corps. Sa carapace, ses écailles et son cuir sont utilisés pour la confection de nombreux objets. Sa viande et ses œufs sont parfois vendus illégalement dans des restaurants. Si tu en vois, n'en commande pas : cela encouragerait le braconnage. Les singes, les crocodiles, les requins... se retrouvent aussi dans les assiettes de touristes non avertis, alors que ces espèces sont menacées.

Pour garder la planète attitude, reste donc vigilant et ne ramène pas de souvenirs fabriqués avec des parties du corps d'animaux en voie de disparition : écailles de tortues marines, ivoire d'éléphant, œufs d'autruche, coraux ou espèces végétales (orchidées, cactus...). Sache que requins, félins (notamment les tigres), singes... sont aussi menacés par ce commerce.

Pour que tu ne deviennes pas trafiquant sans le savoir, renseigne-toi auprès des autorités des pays visités (consulat, service des douanes, ministère chargé de l'environnement).
Ramener ce type de souvenirs peut coûter très cher à ceux qui décident de le faire (prison, amende, saisie...)... et aussi à la nature.

LE SAVAIS-TU ?

Le réseau TRAFFIC surveille le commerce international de la faune et de la flore sauvages, qu'il s'agisse de végétaux ou d'animaux, vivants ou morts.

L'EVEREST : UNE MONTAGNE DE DÉCHETS

Le nom tibétain de cette célèbre montagne de 8 848 m est la « déesse-mère du monde ». ***(Chomolongma)***

La montagne *Chomolongma* est plus connue sous le nom d'Everest, qu'elle doit au colonel qui, le premier, détermina le point culminant de la planète, en 1841.

Les randonneurs sont de plus en plus nombreux sur ses pentes. Tous ne cherchent pas à escalader le sommet, mais jusqu'à trois cents personnes peuvent se retrouver en même temps sur les pistes et les camps de base, où ils se reposent. Cela pose de gros problèmes de pollution.

En effet, avant d'arriver au sommet, les alpinistes et de nombreux randonneurs n'hésitent pas à se décharger sur

place de ce qui les encombre : déchets alimentaires, emballages de toutes sortes, bouteilles en acier (pour l'oxygène), matelas en mousse, sacs de couchage, réchauds, débris de tente, batteries, piles (pour lesquelles il n'existe aucune filière de retraitement là-bas)...

Des expéditions sont désormais organisées pour ramasser tous ces détritus. Lors de la première, 30 tonnes de déchets furent ainsi récoltées ! L'Everest était devenu la décharge la plus haute du monde !

Depuis 1976, l'Everest est classé parc national. Il est donc maintenant mieux protégé.

LE SAVAIS-TU ?

Une expédition sur l'Everest de 8 alpinistes étrangers, nécessitent 1 sirdar (guide), 3 cuisiniers, 4 sherpas d'altitude (accompagnateurs), et... 40 porteurs ! Un tel convoi produit vite beaucoup de déchets !

LE SAVAIS-TU ?

Sur un glacier et en altitude, rien ne se dégrade. La congélation y est naturelle ! Fais bien attention à ramener tes déchets lorsque tu pars en montagne.

ET TOI ?

LE PLUS BEAU DES ANIMAUX !

LE SAVAIS-TU ?

Une autre espèce d'« homme » a co-existé avec l'*Homo sapiens* pendant des milliers d'années : l'homme de Neandertal. Ce cousin vivait essentiellement en Europe et au Proche-Orient ; ses premières traces remontent à 300 000 ans environ.
À la suite de modifications de son habitat, de brusques changements climatiques et de guerres avec l'*Homo sapiens*, l'homme de Neandertal s'est éteint il y a environ 30 000 ans : eh oui, les hommes aussi peuvent disparaître de la planète !

Colle ici ta photo.

Eh oui… toi aussi, tu es un animal, et tu fais partie de la nature ! Plus précisément, tu es un mammifère, de l'ordre des primates, comme le chimpanzé, le gorille, ou le bonobo et de la famille des hominidés. Tous les êtres humains, quelle que soit leur origine, appartiennent à l'espèce *Homo sapiens*, qui signifie en latin « homme sage »… Drôle de nom quand on voit tous les dégâts créés par notre espèce !

La taille moyenne de l'être humain varie beaucoup, certains hommes ayant même déjà atteint plus de 2,70 m. En France, la taille moyenne est de 1,65 m pour les femmes, et de 1,76 m pour les hommes.

L'espérance de vie dépend beaucoup des pays, des conditions de vie, et du sexe. En France, elle est en moyenne de 75 ans pour les hommes et de 82 ans chez les femmes. Elle peut être de moins de 40 ans dans certains pays très pauvres.

L'être humain est très adaptable. Comme tu l'as vu dans ce livre, il y a des hommes qui vivent dans les grands froids de la banquise, d'autres qui évoluent au cœur des forêts tropicales, et d'autres encore en plein milieu du désert. Les hommes ont exploré le sommet de l'Everest, le fond des fosses océaniques, il y en a même qui ont marché sur la Lune !

Si on le compare aux autres espèces, l'homme semble avoir plutôt bien « réussi » : sa population a explosé au cours des derniers siècles, pour atteindre six milliards d'individus aujourd'hui... et si la tendance actuelle se prolonge, nous serons plus de neuf milliards en 2050.

ATTENTION DANGER !

La population humaine ne peut pas grandir indéfiniment : la Terre n'est pas extensible, nous n'avons qu'une planète pour vivre ! Comme tu as pu le voir dans ce livre, l'homme détruit beaucoup de richesses naturelles, et dérègle le climat mondial. En perturbant le fragile équilibre de la planète, il met en danger de nombreuses espèces... dont lui-même !

LE SAVAIS-TU ?

L'homme a créé près de cent mille nouvelles molécules chimiques... pourtant, seulement quelques milliers ont été bien étudiées pour s'assurer qu'elles n'étaient pas toxiques !

Un autre grave danger menace la santé des plantes, des animaux et des hommes : les pollutions, qui touchent de plus en plus l'air, l'eau et les sols.

Certains produits polluants très toxiques se dispersent partout dans la nature et y restent très longtemps. On en a même retrouvé aux pôles ou au fond des océans !

Ces produits toxiques se retrouvent dans les petits organismes, les plantes, les animaux, et, en fin de compte, dans notre corps ! Comme l'ours polaire ou le loup, l'homme est en haut de la chaîne alimentaire : il récupère toutes les pollutions de ce que les autres ont mangé avant lui !

Micro-organismes, poissons, phoques, ours, êtres humains... Nous sommes tous touchés par la pollution, surtout si ce que nous mangeons est déjà pollué !

Des études scientifiques récentes ont montré que la pollution était responsable de nombreux cas de cancer, ainsi que de la baisse de fertilité chez les animaux et les hommes !

CE QUE TU PEUX FAIRE

Tous les conseils que tu as découverts dans ce guide sont aussi bons pour toi : en protégeant la nature, c'est ta propre santé que tu protèges, en même temps que celle des autres.

Il est urgent de protéger les animaux, les plantes, l'eau, la mer... et aussi le climat. Comme tu l'as vu, tu peux agir par la façon dont tu te déplaces, dont tu manges, dont tu achètes... Il y a déjà plein de choses que tu peux faire par toi-même !

■ **LE SAVAIS-TU ?** ■

Le WWF compte près de cinq millions de membres à travers le monde, et plus de cent mille en France.

Tu peux aussi parler de tout cela avec ta famille, tes amis, ou dans ton école.
Encourage tes parents à aider des associations comme le WWF ou d'autres qui agissent pour protéger la nature et les hommes.

Et n'oublie pas :
tous ensemble, on est plus fort !

Crédits photographiques :

Bios/ Bruno Cavignaux : 72 haut, 74 ;
Alain Compost : 113 ;
Dominique Delfino : 104 milieu, 111 ;
M&C Denis-Huot : 92 ;
Gourlan/ Kodak Pro : 32 en haut à droite,
32 bas, 48, 49 ;
Dominique Halleux : 32 en haut à gauche, 37 ;
Martin Harvey : 120, 127 droite ;
Hamblin Mark/ Still Pictures : 34 ;
Lynas Mark/ Still Pictures : 12 bas, 23 ;
Oliv : 72 bas, 80 ;
Rowell Galen/ Peter Arnold : 118 bas, 135 ;
Vernay Pierre/ Polar Lys : 12 milieu, 31 ;
WWF/ Australian Info Service : 8.

H. Griffit/ Mission pour la création
du parc de la Guyane : 50 bas, 59.

O2 France : 41.
Phone/ J.M. Labat/ Y. Lanceau : 32 milieu, 45.

WWF/ Nigel Dickinson : 84 bas, 102, 103

WWF-Canon/ Chris Martin Bahr : 86 ;
Michèle Dépraz : 104 bas, 116, 117, 128 ;
Helmut Diller : 83 ;
Pierre Douay : 50 en haut à droite, 63 ;
Emma Ducan : 94 ;
Timothy Geer : 50 en haut à gauche, 52, 55 ;
Jack Stein Grove : 14, 17 ;
Michel Gunther : 10, 118 haut, 123 ;
Chris Hails : 9 ; Martin Harvey : 109 ;
Hartmun Jungius : 30 ;
John E. Newby : 118 milieu, 127 gauche ;
Adam Oswell : 29 ;
Tanya Petersen : 47 bas ;
Mauri Rautkari : 47 haut, 72 milieu, 77 ;
Michel Terretaz : 12 haut, 104 haut, 106, 108 ;
James W. Thorsell : 134 ;
Olivier van Bogaert : 84 milieu, 93 ;
Anton Vorauer : 50 milieu, 70, 71 ;
Gustavo Ybarra : 84 haut, 89.

Pour aller plus loin :

Le WWF édite un catalogue de publications et de matériel pédagogique pour sensibliliser les enfants à la protection de la nature. Plus de 110 outils sont proposés dans ce catalogue destiné aux enseignants du primaire et du secondaire, ainsi qu'aux animateurs et éducateurs. Pour le recevoir, appelez le 01 44 64 40 48 ou tapez www.wwf.fr

Tes parents ou tes proches peuvent trouver des informations plus détaillées sur les gestes écologiques dans le guide : *Planète attitude – Les gestes écologiques au quotidien*, WWF, paru aux éditions du Seuil en avril 2004.

Tu peux retrouver avec eux d'autres gestes écologiques, ou suggérer tes propres idées en te connectant à la rubrique « planète attitude » sur Internet : www.wwf.fr/planete

Tu peux aussi explorer le site WWF spécial enfants : www.panda-junior.com

Et si la solution, c'était toi ?

Pour aider le WWF à protéger la nature, tu peux contacter, avec l'aide de ta famille :

WWF-France
188, rue de la Roquette
75011 Paris
Tél. (relations membres) : 01 55 25 84 67
www.wwf.fr ou www.panda-junior.com

Un grand merci par avance !

Les auteurs :

Gaëlle Bouttier-Guérive est chargée d'étude sur les questions de développement durable au WWF-France.
Thierry Thouvenot développe de nouveaux projets au sein de la direction générale du WWF-France.

Remerciements :

Ce guide a pu voir le jour grâce aux informations et aux relectures des équipes du WWF-France, et notamment de : Martin Arnould, Yesenia Cervignon, Arnaud Collin, Bernard Cressens, Philippe Deletain, Jean-Stéphane Devisse, Diane Dolgin et son fils Nicolas, Grégoire Even, Sarah Gillet, Laurent Kelle, Cedric du Monceau, Didier Moreau, Emmanuelle Neyroumande, Denis Ody, Angélique Piteau, Jean-Christophe Poupet, Stéphane Ringuet, Katia Schmitzberger, Christine Sourd, Viviane Thieron, Édouard Toulouse, Daniel Vallauri, ainsi que de Lyne La Rochelle du WWF-Sénégal.
Nous remercions monsieur Bouchardy pour sa relecture.

Direction éditoriale : Florence Lécuyer
Direction artistique et réalisation : Laurence Moinot
Lettrage de couverture : Philippe Roux
Fabrication : Charlotte Debiolles

Photogravure : IGS-Charente photogravure, à L'Isle-d'Espagnac, France.

Impression : Imprimerie Moderne de l'Est, à Baume-les-Dames, France.

Dépôt légal : avril 2005 - N° 80035

Imprimé en France